永也美英蔣一安博士七十七歲造像

何龍題

本世美老爲博士一安教授八十嵩壽造象

何龍題

序

清道咸之際曾湘鄉等文倡桐城詩主江西其後士之善吟咏者都從西崑入手轉入于西江入民國後羈人遺老初集燕京繼居海上桴鼓相應自成格局於是始有同光派之說其詩沈鬱蒼勁不主發皇其深邃者尤工於寄託不喜直言而以隱諭為工以為非此詩不深也稍後南社崛起江南其時清社未屋然秉其勇往無前之氣與夫光芒絢爛之致其辭奔放其情激揚沛然莫禦而革命先烈之作每都與焉余嘗論革命先烈諸集皆抱不世出之才智鋩銳奮昂殊異乎當時可謂詩人之作且鼓吹革命推翻滿清於我中華開國之功甚鉅焉至蘇

張[illegible]步寫

蔣逸安先生家本三吳居淮上已三世家承賜書幼受庭訓於國故尤深致探討洎抗戰軍興麻鞵入蜀服務黨國歷任要職且受極峯倚重還都未久又復遷臺于議席間盡其獻替且以餘晷主講四大學以宣揚主義及講論政教為專門講稿論文洋洋灑灑不特其學之廣且其才之高也暇喜為詩數十年來成若干卷曰入蜀吟則于役淪巷之際所作曰浮海吟則來臺以後所作其詩情懷奔放辭華並美風檣塞馬勢不可遏又如明花麗飾絢采照人又有和曼殊燕子龕本事詩一卷曼殊詩才世多知之其詩風華照映而逸安則奇采動人曼殊柔情萬丈而逸安則宛轉纏綿要之曼殊之所有逸安無不有之且其至性真

張鶴年寫

識且或有過之也我不知逸安詩中所寄果有其人如曼殊之調箏人否也惟以詩而論當為上乘而入蜀吟之作屢寫渝蓉名地之景色暨戰時生活艱苦之狀又喜出游峨嵋青城之勝概詩中亦屢屢及之雖時隔五十載讀其詩尚結想于彼時也浮海吟中自出峽諸作與夫初抵臺員僦居基隆之作盡風塵雨之致宛然在目又一時之景而今日又不同矣詩貴乎真逸安數十年之詩不獨如一人之載記抑且紀述國家數十年囏苦困頓之狀也宜以刊行以示當世且傳之於後世焉今將裒其詩作益以近著重行付梓且以所作論文如干種附焉逸安之學博大淵深于政治哲學尤多致力詩其餘事然亦可覩也矣

癸酉二月常熟李猷書

自序

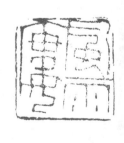

壬子冬末　余曾將「入蜀吟」「浮海吟」兩卷　輯爲「風雨樓詩集」　列入商務印書館人人文庫　於今二十有二年矣　癸酉之歲　晉登八秩高齡　理應歸田　乃於七九之年　辭退公職國民大會代表　主席團主席　憲政論壇雜誌社發行人　革命思想雜誌社發行人及三所大學學術研究所教職等等　僅保留中國文化大學華岡（研究）教授一職　歸隱松嶺　以娛晚景　檢視書篋　尚多積稿待整付梓　乃先行將「三代吉金・漢唐樂石拓存」「古印窺・楚州宋專拓片」「孫學闡微」三書出版問世　復將已行銷多版之「入蜀吟」刪減　而將「浮海吟」增添新作近二百首　分編一、二兩卷　他如原亦由商務出版之「曼殊詩與擬曼殊詩」一種　除將「曼殊詩」保留一部外　「擬曼殊詩」及其詩評與和章　大都保存原貌　編爲第三卷「一安擬曼殊本事詩」　另將近年藝文論說　講辭　及小品八篇　殿於書末　名爲附卷「藝文選」　書名「風雨樓詩歌選粹」　計含此四卷（註）　編纂蒇事　恭請當代名士李教授猷嘉有先生校讀并　賜序　吳教授璵仲寶仁弟　彭發行人正雄仁兄協助出版　衷心感戴莫可言宣　特誌數語　以代自序　癸酉孟春閏三月初一松嶺逸叟蔣一安於唐韻簃

註　風雨樓詩集　曼殊詩與擬曼殊詩二書　原由台灣商務印書館納入人人文庫　茲該文庫暫時停止發行　已出版者亦不續印　前接該館82年編〇八八號五月二十四日函知　「大稿如自行出版其中所收已經本館出版之『風雨樓詩集』及『曼殊詩與擬曼殊詩』兩書　有關版權問題　可由先生自由處理　不必計較　如該兩書　先生或擬另行單獨出版　而不使用本館排印之原書版面　本館亦表同意　藉示尊重　區區微忱　尚請　惠督　爲荷　總經理張連生敬啓」

風雨樓詩歌選粹 目次

二卷　浮海吟

三卷　一安擬曼殊本事詩

附卷　藝文選

入蜀吟

右任

一卷　入蜀吟

風雨樓序

故土陸沉　海疆寄跡　風雨名樓　三含義焉　風雨如晦　雞鳴不已　黎明前必有之黑暗也　詩詠風雨　寫亂世君子之思　兼懷故舊也　賃屋雨都　煮茗靜坐　遠觀滄海　近聽簷聲　誠韜光養晦之所也　予也不敏　好讀周孔之圖書　深信君子安貧　達人知命　窮且益堅　挫當愈奮　屈者伸之預　伸者屈之行　願效平子　揮翰墨以奮藻　等同仲宣　悲舊鄉之壅隔　愧予才短　難作登樓之賦　感時興悲　時詠長安之詩　嗚呼　人生不滿百　常懷千歲憂　予性情中人也　難逃此界　雖爲絕是非而棄名利　豈能以窮達而忘家邦　白首之心　青雲之志　憑軒遙望　益恨烏雲遮日　情眷懷歸　想見赤焰橫流　何日艨艟西駛　掃蕩虜廷夷種　鐵馬北向　摧毀秧歌王朝　爆竹傳捷　萬戶歡騰　是時也　不讀放翁示兒詩　却吟少陵收兩京矣　短引未盡　更續一律

人生豈應默無聞　涇濁渭清自古分　故紙埋頭添白髮　毛錐磨禿嘆斯文
登樓懷遠悲王粲　執筆傷時哭杜陵　窗外連宵風雨怒　呑胡擊楫氣凌雲

惜別（二十六年十二月於淮安時日本攻陷南京予棄家赴鄂湘粵川流亡）

柴扉靜掩月初殘　對坐床前意不歡　蠟燭伴人垂別淚　涓涓滴滴正闌干
朱顏不似昨宵妍　惜別情深語哽咽　夜半從今衾裯冷　孤燈隻影對愁眠
苦雨淒風愁滿天　銷魂惜別謝莊前　孤萍自此隨流水　寄跡江湖底處邊

山居月夜

冷月清庭院　空山泣杜鵑　深深家國恨　慼慼怨愁眠

流浪廣東陽山內子仍困山陽見月憶人口占一絕

今夜陽山素月光　迢迢千里照山陽　天涯海角同枯目　客裏閨中共斷腸

早春登北山

早春登北山　閒眺山水光　南國氣候和　經冬桂猶芳　蕉葉綠油碧　松枝青蒼蒼
榕老衣襤褸　柳嫩服新妝　款款蛺蝶舞　蝶與花爭香　嫋嫋東風起　風低麥生浪
靜立觀瀑布　擊石聲鏗鏘　危坐聽松濤　奔走似龍驤　且進山齋裏　以茶當酒漿
主人頻勸飲　一舉累數觴　出齋凌絕頂　徐來步踉蹌　驚風撲我面　白雲繞我裳
南山若波濤　九疊成屏障　北江如錦帶　一去杳茫茫　夕陽將西沉　暝暝射斜光
翹首東向望　烟雲遮故鄉　故鄉渺渺兮　遊子空斷腸　客心慼慼兮　時勢感滄桑

晨曦別代鳴曉泉伉儷去長沙得二韻

愁如漣水漲　悲起陽山旁　剪剪輕風至　飄飄薄袖揚　風吹未戰慄　別恨感淒涼

千里孤雲去　前途怯渺茫　悠悠何日廻
林靜鳥方宿　晨曦瘴未開　懷悲揮手別　含淚下船來　悵悵此時去
離群孤寂寞　聽宇倍增哀

夜泊

船停水靜野籠烟　作客愁多懶入眠　明滅漁燈三五點　聲聲暮鼓意纏綿

晨曦閒眺

春風吹水綠漣漪　危坐船頭漫詠詩　竹籠嵐烟樹籠霧　雲耶山耶兩難知

聞大兄入蜀寄以代簡

山河破碎動兵戎　骨肉分離似斷蓬　三峽猿聲啼不住　鄉愁惹得幾多叢

憶怡園

園花依舊開　不見主人來　借問何處去　長沙獨徘徊

困頓長沙所謀不成心灰意冷忽逢大雪此或象徵前途之光明也

天心閣上呈晶玉　嶽麓山頭覆白銀　誰說人生多黑暗　前途正有大光明

季春雨夜

夜來簾外雨霏霏　枕冷衾寒睡夢稀　喚起鳴哀喚客起　催歸啼泣催人歸

青春已蹉跎

春宵苦雨多　客夜愁無那　雨雪差池落　悲共淚婆娑　我有汲汲志　何屢招風波

待到風波定　青春已蹉跎

病困長沙

正則當年愁困湘　辛酸充塞九廻腸　流離受盡煎熬苦　何忍更嘗苦藥湯

寄跡桃源日暮有感

漁人還棹出桃源　日暮山林宿鳥喧　憐我有家歸未得　夢魂遙落兩宜軒

入蜀

無端倭寇動兵戎　國破家亡入蜀中　巫峽猿啼愁淚冷　峨嵋鵑泣血痕紅　孤萍逐浪終無定
離緒縈心永不窮　回首鄉雲何處是　徒生別恨向悲風

過三峽憶桃源童養年先生

神女峯前佈曉雲　群山猿嘯隔江聞　故人羈旅桃源洞　欲向漁人細問君

泊峽內

夜靜水聲急　更深泊客船　未有孤猿嘯　淚眼亦難眠

流浪曲

有家有家已淪亡　顛沛流離在他鄉　可憐有家歸不得　夢魂時落自怡堂
有親有親年高邁　兒羈他鄉難一拜　白髮倚閭終日望　不見歸來心如瘵
有兄有兄同流離（時大兄入蜀二兄羈浙三兄去滬）　天涯地角使人悲　爲念骨肉心憔悴
對影如何不淚垂

有妻有妻難相攜　客內閨中同悽悽　風雨瀟瀟孤燈夜　枕冷衾寒淚沾衣

客峨嵋山下寄淮上諸舊雨

林密山深猿嘯長　西窗剪燭斷愁腸　讀書淮上渾如夢　憶故人兮憶故鄉

金沙江愁眺

丹山隱隱由天至　碧水潺潺向海流　舟子莫提輕槳起　一提淚又惹人憂

病困北川夜月窺窗披衣策杖仰望而嘆

清輝冷我心　西陸客愁深　月是故鄉月　舊情非是今

思親憶人

病裏思親情倍切　夢中見面歡還稀　醒來一榻燈如豆　唯聽窗前猿亂啼

月夜空戰

深秋山裏月　清白而皎潔　可恨敵肆虐　乘月傷吾骨　敵機爾勿虐　吾有防空穴
荒鷲任橫飛　神鷹去殲滅　翻騰惡戰鬥　喪膽盡斂跡　殘骸慘焦爛　沸熱愛國血

函妻縫衣得詩一首錄附

綠牖沾秋霜　征人望衣裳　拈針慵捋線　昨夜夢難忘

同飲湔江歌

星期天　六日忙碌閒一天　爾我何以去消遣　執杖攜酒湔江邊　文卿猜拳懶飲酒　有明代飲
輸中拳　能騤酒過三巡奔走如馬跑　又新打雷（行酒之遊戲）袋中摸出青龍錢　汝南長鳴如

晨雞　棟臣飲中忙禁煙（正飲間忽棟臣離席半晌方回問何往曰接洽禁煙誠忠於職守矣）　科長對手包勝利　山下醉倒管獄員（余猜拳喜叫對手而必勝楊熙故其大醉）　倚斜坐臥各有態　江邊一幅醉八仙　支薪水　典衣裳　與爾携手入酒坊　得飲且飲也學太白狂

重聚（時廿八年一月於北川）

誰詠崎嶇蜀道難　萬程挈子越重巒　楚州惜別禹村聚　山帶春容水帶歡
赤雲日脚報黃昏　感歎歔欷欲斷魂　命厄可憐杜子美　淒涼拭淚賦羌村
風塵碌碌鬢毛斑　莫把愁顏對玉顏　縱是久離欣得聚　夜闌秉燭淚潸潸

戊寅除夕

梅花開放別家園　又見梅開心悵然　苦恨故園歸不得　而今流浪復週年

探禹穴歌

大哉神禹降石泉　治水功績德配天　我來佐治聖里丘　高山仰止景先賢　齊眉杖頭懸美酒祭禹探穴往岩巔　峽口摩壁刻醉筆　書者自稱酒中仙（崖前刻李白書禹穴二字每字大可四尺餘）兩山夾峙一水流　遊人止步不肯前（至此即無路可前必涉水而入同行者大半止步）　我復涉水入幽谷　跌入清潭水浸服　愈挫愈奮向前進　山風吹來猛面撲　泉流石上似鳴金　猿啼枝間若魑哭　眼前懸河飛馬馳　下注聖母洗兒池　殷紅血點宛然在　聖跡流傳萬古時　撿得血石三五方　贈與友人生貴兒（池中白石上有斑斑血點傳為聖母洗兒時所遺血跡俗謂婦人以石煎水飲之可生貴兒并可催生及治心病）　深入幽險猶窮探　探得禹穴復生疑（由峽口至此約十餘里絕壁下忽

開一窟頂有竅如盆大曰簸箕天黑暗無光疑其非神禹降生地其山勢九龍憑空突起穴在中峯下八龍左右護衛眞神靈之奧區也）　穴下淸澗水急流　穴頂古柏樹交枝　因見石上聖跡多　又見崖壁鐫篆字　斷是神禹降生地　身登聖境歎時事（正疑其非神禹生地忽見神話傳言石上遺有聖母足跡及生禹時所濺血點舉頭又見崖右鐫有唐人手筆篆書禹穴二字方知眞爲聖境憶先賢不禁嗟嘆時事）　倭奴分道寇華夏　我爲波濤逼至此　洪水氾濫遍疆土　安得神靈挽危勢　國破家亡山河在　復國精神步夏姒

附記

帝王世紀曰　禹　六月六日生於石紐村　案石紐村　在四川北川縣（古石泉縣）　城南山腰有巨石　大可十丈有奇鐫陽文篆書石紐二字　字體古秀　疑係漢唐人手筆　余家藏碑帖數千幅　他處過目者亦以千計　甚少見有陽文碑刻　誠珍品也

余酷愛山水嗜古成癖　抗戰軍興　足跡半海內　探奇訪幽　流亡却遂嗜痂癖矣　戊寅冬宦遊禹里　探禹穴於九龍山下　案世之禹穴有三　湘之宛委　藏書處也　浙之會稽　葬骨處也　蜀之石泉　誕生處也　山之中峯下　太白書禹穴二字　係就峭壁鐫刻　隘道風緊　張紙則吹飛九霄　懸崖杌隉　失足即遺恨千古　唐以來未有能拓者　余率士兵一班伐木搭架用卅六張毛邊　始成一幀　拓本太大　破損不堪裝池　殊惋惜耳

近代研究上古史者　或妄謂禹無其人　而爲爬蟲　余則非之　蓋當上古圖騰社會　每一種族或部落　輒擇對象一種祀爲圖騰　唐虞之世　洪水爲患　禹似爲水族之名　性類蛟龍

人多敬畏　乃奉爲圖騰　有莘氏生子之時　値伯鯀治水在外　即以禹字名子　復攷以動物命名　爲古來習俗　如鯀爲魚類　禹父取以爲名也　相沿至今　仍有以動物如龍鳳虎豹等命名　何可因其名　而懷疑其人　更附會其說哉　研究歷史　最忌標奇立異　要在根據空間時間　旁徵博引　方不與史實相悖耳

余至九龍山下　先以美酒野花祀廟　臨時草祭文一篇　以放槍代鳴炮　祀畢　涉足清澗　水深及膝　冰冷刺骨　同行者大都止步　余一人獨前　士兵提槍隨後　蓋恐猛獸毒蟲也　牽藤攀石　復行十餘里　至洗兒池　池在澗旁　上有瀑布　時値積雪初溶　水流湍急　池中白石　血蹟斑斑　傳爲聖母洗兒時所遺　過池前行數武　絕壁下　開一窟　高深各丈許　寬六七尺　此即偉人誕生地也　頂有竅　如盆大　日簸箕天　光線極弱　用手電照射　崖右鐫唐人手筆篆書禹穴　每字大可四尺餘　拓得二幀　一幀自存　惜燬於乙酉丙丁之災　一幀贈國立中央圖書館童養年先生　聞尚保存　此地山勢雄偉　九龍磨空而起　穴在中峯下　八龍左右護衛　眞神靈之奧區也　逸庵謹誌

念七生日自述

人生何爲哉　繼往以開來　及時宜努力　光陰去不迴　天旣生我必有用　服務人羣是應該　髫年鯉趨庭　諄諄教一經　總角侍雪座　孜孜慕德馨　家有錢萬貫　以我視之若腐鰕　家有書千卷　以我視之勝金釧　窗下生涯二十秋　回思往事意悠悠　一生景慕唯馬遷　會稽禹穴任遨遊　（司馬子長自敘云登會稽探禹穴說者謂爲會稽之禹穴也余則疑之蓋史公之筆乃寫其徧遊萬里

登會稽總吳越也探禹穴言巴蜀也） 血債燃起黃浦恨 蹄痕結下蘆溝仇 愛國青年憤塡膺 退入後方圖復讎 東出江浙南下粵 北上豫鄂西禹穴 足跡踏遍半天下 流亡却遂嗜痂癖 念四春秋未離家 念五生日客長沙 去年此日剿匪斬四馘 妻孥電話祝壽華 提記生日事 引起一笑譁（己卯春剿土匪於江彰平北邊區是日擒四匪斬之返署接妻祝壽電方記起念六生辰也） 今年生辰得團圞 一室斗大拜群囚 良朋設宴爲我壽 我亦酌彼兕觥賓主歡 吁嗟生兮二十七 愧對國家無助益 掃蕩倭軍奮筆陣 殲滅蝦夷憑熱血 炸平三島兮 更願拋郤父母遺我之弱骨

通香治匪（有序）

去歲余來北之第三日 仲堯秘書啣命通香兼區治匪 不一月萑苻斂跡 途人謳歌 而余也 景慕無已 惟通香地聯江彰 山接紫柏 爲盜賊之淵藪 素稱難治 故境內土匪雖滅 猶不時受鄰縣影響 男不安耕 女不安織 爲政者 自不能坐視 乃有四縣聯防之設 以謀肅清 主持者 爲綏靖公署 余奉命副之 受命之餘 親往掃蕩 於是 翻重山 入險境 穿槍林 冒彈雨 爲時月餘 梟首百數 邊疆綏靖 民得以安 歸來承仲堯秘書錄治匪詩四首見示 爰步韻奉和 時廿八年四月也

帶劍戎裝據雕鞍 揚鞭馳馬直奔前 通香啣命肅宵小 要爲人民解倒懸
春寒料峭夜漫長 荒野曉行露浥裝 四月鵑啼生別恨 三年征戍憶淮陽
紫柏岧嶢瘴氣橫 幾番掃蕩恨難晴 揮刀直把陰霾滅 重見青天費苦勤

歸來慶奏凱歌長　卸卻戎裝換便裝　抱膝望崇山下坐　但聽黎庶歌四方

錦瑟吟

道旁植桃花　見者競停車　輕薄風姿美　遊人愛其華　愛之若拱璧　采擷攜返家
家中有錦瑟　清高復超逸　花瑟同在此　請君擇其一　愚者愛夭桃　智者愛錦瑟
愚者世何多　智者一難得　瑟雖少人愛　猶自立傲骨　天賦性使然　豈論愛與不
日久見物性　捨桃來就瑟

題水石

潮漲我逸　潮落我出　不沾紅塵　清淨如佛

端午感懷

田園世業空　故國破殘中　骨朽枯樹白　血鮮映日紅　五絲難續命　六符便戕凶
蒲劍誇犀利　提來斬毒龍

端午寄家書

世亂人多難　流離骨肉疏　節時增客恨　夢影入田廬　園廢開榴火　門斜網戶蛛
還將思遠淚　封入數行書

遊子曲

殘夜荒城長短更　詩情睡意兩無成　燈影搖亂幽竹影　雨聲滴碎綠蕉聲　雖慣離鄉愁未懶
常尋歸夢思仍頻　吁嗟呼　遊子拜親唯夢看　拜時更怕雞啼亂　雞啼亂　夢魂斷　悵然啜泣

孤枕畔　劇憐妻女人四口　風塵只占室如斗　宦情冷落歸情熱　倭奴鐵蹄縱橫走　殺氣哭聲連霄漢　忍留雙親戰區空困守　昨夜讀家書　讀罷淚聯珠　我母健康不如初　我父詩酒興亦疎　生兒有八九　侍養半數無　大兒浪跡己字水（川之江津名己字水）二兒巴水歎沉浮（重慶名巴字水）小女南國隨夫走（寄跡粵之陽山縣）四兒禹里日看停雲雙目枯（蜀西北川爲禹王故里）君不見　蠻夷猾夏任肆虐　多少人士正飄泊　莫問遊子幾時歸　且問蒼天幾時寇就縛

七月十六日雨後即事

雨過空庭鎖夕煙　苦茶竹扇意蕭然　沽來美酒邀誰飲　滌去塵心抱月眠　歸牧鄰兒閑弄笛　罷鋤野老話桑田　古村清韻多佳句　石紐幽居學輞川

七月十九日晨曦

初日晨光好望瀛　杖黎扶我白雲行　峯巒點點呈清翠　霞蔚蒸蒸覺爽明　蕉韻風前含曉露　鳥幽枝外學吟聲　山居畢竟多佳趣　詩味禪機各有情

學漁樵

柳絮任風飄　朱顏客裏凋　江流石不轉　獨自意蕭蕭　人生屢逢不得意　胡不歸去學漁樵

進餐

秋無紫蟹夏無瓜　偶見魚腥不見蝦　停箸三嗟詩解酒　莫將瘦骨對黃花

八月三日憶童養年先生

斷鴻聲內憶三湘　仙境貽詩猶帶香　每見影容神赫奕（臨別前曾與吳學培陳倚石童養年三先生合

影）輒思談笑生風光　別離雖慣愁無那　舊夢重尋苦不長　惆悵天涯同落落　一回思念一思
鄉

附錄　養年先生桃源贈別詩

桃源遇蔣四聚首未久忽又遊蜀矣
蔣家諸英俊　老四知最深　去夏京口別　今春花源迎　奔流各前途　偶晤亦云幸
歡聚未多時　離緒復縈心　明日君遊蜀　重別傷我情　君如雲中鶴　遠擧自難禁
宇土雖至廣　家園應有定　願君早倦遊　歸去慰所親

己卯小陽後十日得子

自笑生來未壯年　掌珠兩兩繞膝前　禹村寄跡鍾靈秀　一索得男意輾然
桑弧蓬矢乍梅初　奇骨天生有貴無　聖里弄璋承聖志　他年忠孝象充閭
翹首中原滿寇氛　斯文自愧是斯身　繼承幸喜添英物　他日沙場多一人

和工部

青衫幕府夜來寒　石紐伶俜歲又殘　拂水清痕剛骨立　舊時月色擧頭看　虁門不比世情險
蜀道爭如宦海難　彈鋏淒歌輸壯志　倚人籬下豈能安

庚辰元旦開筆詩

新正開筆筆生花　爆竹聲中倍憶家　日日萍踪徒憤恨　年年浪跡最悲嗟　愧非鐵血殲倭寇
願奮毛錐蕩遠笳　莫謂三餐無俊味　來春佐酒島夷蝦

固窮

囊中法幣盡飛馳　案上空餘淚伴詩　薪桂難燃防冷火　米珠不飽鎖愁眉　舉燈莫怨日歸早
飲水偏逢雨落遲　小子底知貧苦困　膝前喋喋索糖資

世不同

當今世不同　人盡棄古風　君不見忠恕世人多不愛　結交趨向利害中

獨酌成詩

春色輕描禹里春　濁醪獨酌更愁人　誰知細雨簷花落　苦詠南窗泣鬼神

觀柳

新柳細雨後　婉孌更依人　豈知興廢事　漫舞不生春

寵召

遙看雲樹深深遮　臨水懸崖是妾家　採蕨相思却畏子　君來請莫賦大車
夜來山裏雨瀟疏　雲籠竹蹊不辨途　堡冷佳人慵攬鏡　魂飛幽靜小茅廬
隱隱翠微風送雞　泉喧擊碎乳鶯啼　花凝鬢腳傍扉立　笑語連聲露浥衣
修篁經雨盡銷愁　蘭氣凱風溢未收　最是沉香亭北畔　凋零空剩一枝頭
野味山餚醁酒香　主人厨下作羹湯　出厨笑靨瓷甖舉　醉客留連是異鄉
回首乍驚日已西　痴魂隨燕繞梁飛　落花有意輕輕墮　憐我飄零無處歸

伏日幕下贈海金秘書

映柳花光耀眼愁　薄書鞅掌易煩憂　薰風披處葵心向　暑氣吹來蟬板幽　動地鼓鼙何日已
驚天霹靂底時收　與君幕下相期約　銷恨瓜州古渡頭

憶巴縣二兄

月明已夜分　完帳不遮蚊　惆悵心肝裂　憂愁肺腑焚　棣華同苦難　鴻雁感離群
五處鄉心夜（時雙親及大姊三哥五弟六弟七弟寓上海大哥羈合江二哥居巴縣大妹客廣東余旅北川）
憂思不可聞

無題

案牘終年筆墨橫　自思品重利名輕　杜陵抱病願辭幕　阮籍窮途哭世情　百草經霜同披萎
孤松覆雪獨堅貞　渭清涇濁天之性　便使合流界限明

違願

西風瑟瑟坐山城　落葉蕭蕭違願聲　石紐停雲遊子意　湔江落日故人情　龍漦帝后夏庭盡
燕啄皇孫漢祚崩　嘆我枉流袁氏淚　久居自覺負平生

晨曦與趙大登西城

張公橋下水生煙　筆架山巔靉靆綿　寒素交遊如李杜　交期才調比雲淵　智昏原是利權令
血熱時呈諍諫篇　嗟嘆人心花濺淚　回看幕府幾泫然

寇兵圖襲川

萬重山水萬重愁　刼後殘餘涕未收　正慶孑遺興禹域　又驚寇燄逼梁州　堅持鐵血身祈死

規復金甌戰始休　夏姒精神今在不　王師一旅復讎仇

送趙大之塩亭

嘆我辭未遂　慕君去竟成　昨宵揮手夢　惜別淚痕盈　憶昔清秋夜　幕府得識荊
觀君體魄壯　堪稱萬人英　聽君談吐健　一寸葵心傾　讀君文藻美　不才寗與爭
同苦悲笳急　無家問死生　同願棉薄獻　有志共存榮　袁安徒涕淚　范增乞骸身
但去莫回顧　萬里有鵬程

送朱科長之峨嵋

深鎖梧桐一院愁　蕭蕭西陸黯然收　盼君寄語多詩興　關外寒流荻影秋

廿九年成都歲暮詩

吳山邗水繫人思　雁陣分飛痛亂離　巴蜀風寒迷客跡　錦江雨冷瘦梅枝　四方鼓角催年暮
萬里干戈制寇遲　太息生涯餘涕淚　草堂展讀杜陵詩

聞蘇日締結中立條約

胡笳聲裏版圖非　國際情形與願違　公理隱藏槍口下　更生自力應無依

感賦二首

生涯半在硯田過　苦把毛錐向墨磨　熟讀詩書幾許卷　三千丈髮未皤皤
髫年誤習硯田夫　豈爲功名始讀書　冷落寡歡唯把酒　可憐薄宦寄邊區

禹穴即景

神靈奧地九龍環　清秀峯廻路又還　血石殷紅遺聖跡　宰官留看此斑斑

一簫一劍室主人以夜止進修齋舍詩見示奉和應命

識也何遲別也速　悲歡相從感橫生　文章七步非難事　斗酒百篇謠易成　東出未央公遠役
西飛長樂客長征　三秋氣爽凌雲志　隱隱九皐一鶴鳴

附錄原詩

漫漫長夜何時旦　起舞中庭百感生　花發上林春正好　鶴歸遼郭夢難成　汲深未敢辭衰敝
歲臘還須事遠征　百戰山河收有日　荒村隱隱報雞鳴

祝薛伯陵將軍長沙二次大捷詩　借一簫一劍室主人韻

金甌嘆破碎　黎庶盡無家　甘喋英雄血　爲開主義花　哀師士氣壯　勝者驕心斜
將軍兼智勇　兩戰固長沙

附錄原詩

國士當投筆　男兒未有家　三軍甘白刃　萬里盡紅花　要在成功速　何妨捷徑斜
樓船歸去日　談笑指長沙

贈一簫一劍室主人

朱顏俊秀劇風流　放飲高歌世寡儔　別有人間肝膽意　一簫一劍自春秋

重慶

陪都重鎮似英倫　歐亞同求正義伸　上將妙謀神智勇　金甌完整萬家春

謁潘公（時任宣傳部副部長）

循循善誘是吾師　灝氣英辭口皆碑　筆舌之功勝虎旅　丹心赤膽萬年垂

謁陳果老（時任蔣委員長侍從室主任）

老成謀國竭精忠　愛士憐才羅致窮　道義深藏言語內　慈悲淡露鬚眉中

南泉沐浴

北泉遊倦到南泉　峽雨山雲萬頃連　洗淨此身無俗垢　心如明水照青天

沿花溪行

翠屏兩岸擁花溪　策杖緩行百舌啼　回到自然秋未老　山林隱息路高低

重慶除夕

回首韶華駒過隙　梁州匹馬萬千程　夢魂顛倒三巴路　不敢蹉跎此一生
寒江綠浸渝州天　吳客身如不繫船　風雨淒淒除夕夜　趨庭無鯉思歸田
燦爛華燈是歲除　輝煌奪目照寒墟（本年重慶遭轟炸甚烈繁榮市場盡成瓦礫）　扶桑莫便逞雄勢　精旅來春窮寇屠

和符五秘書夜歸詩

滿懷詩興付薰風　酒氣浸人若雨濛　詩酒眼前貪現實　利名身外等浮空　韓彭創業遭俎醢　屈賈長才棄廢銅　唯慕杜陵憔悴死　吟魂散作草堂蓬

一月一見（時分居渝碚兩地）

薄宦飄零苦　常疏兒女情　未言離別恨　先問幾時行

隔日又別

相歡言未盡　曙曉欲分飛　含怨顰眉問　月圓歸不歸

題木刻詩的泉源

詩興如潮湧　文思似瀑懸　天人融一體　不醉亦陶然

再題詩的泉源

倦向松邊臥　青山心下懸　詩源何處是　圖裏一嫣然

贈兩宜夫人

溫文命定名門過　時樣罷矜解玉珂　髻影輕梳疑舞蝶　眉痕不掃自飛娥　金釵質米甘囊澀
吏事勤勞損貌佗　生計艱難勞苦劃　累卿永夜嘆無何

寄慰

閨思春瘦睡餘淚　彈向鴛衾欲化鴦　無米成炊誇婦巧　裁紵細刺顯才長　不堪故國關山月
鮮誦糟糠蘋藻章　待我完成志業日　樓頭挽手聽鶯簧

三十自述兼為內子壽

青春能有幾回見　白髮等閒空悲怨　三十年來風和月　未改當初孩兒面（年雖及壯顏猶弱冠師友咸謂余未及三十戲謂為孩兒面者青春不再正宜及時努力賦此自勉）　呱呱懷抱學言行　雛燕高飛羽初生　孤影失羣雁陣冷　累親萬里繫慈心　（學成之年蘆溝戰起兄弟半數流亡遺雙親於陷

區烽火遍野神州陸沉若斯者不知幾許人焉噫寸草有心無奈難報三春暉何）嬌妻挽臂開笑靨　十載相親如膠漆　便便酷似大腹賈　桃花顏上描柳葉　（余夫婦同庚結婚十載生子女各二今又有夢熊之喜近年以空襲頻仍余住城而卿挈子鄉居服務教育兼課子女簞食瓢飲儉裝簡飾余嘗謂女子要有二十世紀的才能十八世紀的德性妻已達此理想）　友朋爭怨兒女多　我獨抱兒笑呵呵　群兒繞膝爛漫舞　活潑天眞唱兒歌（亂世生活高昂僉以兒女爲苦昔時子美兒脚不襪窮況今日文人皆然余雖受生計壓迫然得享家庭溫暖精神重於物質未覺苦也）　沽酒無錢向鄰賒　壽酒一杯醉一家　天涯淪落巴子國　此心堅毅永無斜　（鄰有釀酒爲業者賒酒自壽癸未之春抗戰六載志氣不堅之輩中途變節者多余則堅定不移今後將有更艱苦之生活亦願甘之如飴也）　氣貫斗牛力拔山　七尺昂藏太空間　了然生活之眞諦　垂後承前繫宇寰　（總裁的革命哲學是生活之目的在增進人類全體的生活生命之意義在創造宇宙繼起的生命余謹遵從）

漁箭灘

半生浪跡寄三巴　賃屋桐陰且作家　稚子折蕉戲當扇　山妻汲井隱於茶　村孤市遠遊屐少
室陋苔深草色遮　日落風溫書懶讀　解涼且吃鎮心瓜

回首家園返顧客居酸楚不已

萬箭攢胸百感生　天涯回首尙心驚　朱門漸改當年色　綠樹都亡夏日榮　弟故親衰堪痛絕
（六弟燦祖是年春病故上海）　兒多妻弱底爲情　杜陵憔悴黔婁困　日月周移集一身

中秋（和周鼎珩兄四韻時同客潘公幕下）

佳節頻添客裏愁　錢囊羞澀過中秋　清風滿袖嶙嶙骨　猶自傲然笑濁流
幾家膩舞幾家寒　酒臭朱門金積山　月色有心湔怨抑　不平深植在人間
懸心捧日赤忱深　常有冰輪照我心　錦繡河山破碎盡　相期攬轡作高吟
市遠村孤客懶來　依依素影戀樓台　多情不肯賦歸去　却射清光入我懷

子夜四時歌

昨夜東君回　含苞綠梅開　蝴蝶亦多情　撲來吻儂顋
羅衣款款着　鉛華淡淡勻　月明人初靜　偎依底相親
秋雨怨瀟湘　秋風透茜窓　輭語嬌無那　拈針繡鴛鴦
素手理香衾　玉顏偎華帳　儂卸呢龍裙　歡郎莫偷望

秋夜寂寥　符五冒雨來　贈詩有　一安自有凌雲氣　可奈尊前百感何　但肯清樽同一醉
幾曾人事有蹉跎　泥余沽酒　相攜登樓　座中有王夫人暨薛小姐

登樓得句愧遲遲　擊鉢難成四韻詩　一笑春風添酒意　清樽沁展兩娥眉
初逢及壯欲何之　如此頭顱未可知　世亂忠奸無定論　秋高擘蟹酒盈巵
濁流澎湃未澄清　心與長沙淚共鳴　夜雨風寒休瑟縮　江濤激勵客中情

題結婚十週年紀念像二幀（時癸未十二月十二日客青木關）

翡翠屏前欲語時　梅花點額戀芳姿　十年一帳春初曉　贏得纍纍子滿枝
娉婷魁偉兩卿卿　尋得芬芳一視凝　趕上江南春正好　詞人不用費叮嚀

流亡異地　為國馳驅　癸未歲臘　辭重慶市圖書褀誌審查處設計委員　改就教育部組長
在此卸舊任新之際　偷閑七日　深山探梅　亦樂事也

七載馳驅七日閑　三餘未得幾天還　呼兒指引尋梅路　香透蒼蒼萬仞山

附註　此詩與普文治兄合繪尋梅圖題者頗多茲摘錄數首於后其後惜爲重慶火災所焚

浙江溫子瑞題詩

幾向江鄉馳夢思　還從庾嶺寄襟期　高人自有鑄魂格　獨抱寸心千古知

居巢陳灌子題詩

臨水幽居不染塵　舊時月色最關情　呼兒斟滿杯中酒　人與梅花一樣清

安徽劉晦九題詩

問君詩思在何許　前路依稀是灞橋　我欲相從驢背客　一天風雪一枝簫

安徽劉朗風題詩

幽姿零落在山阿　獨有蒼翁來放歌　不嫁西湖林處士　點將螺黛照寒波

浙江陳寶驊題詩

訪遍山坳與水涯　結緣端的爲梅花　只今詩思饒如許　從此清香入夢加
阿儂本自慣幽居　傾國名花總不如　何意高人苦相訪　愧無一語答嘉譽

安徽鄧元丁題詩

拼將熱血敵尖叉　破膽曾驅鬼一車　不見古人期來哲　平生低首拜梅花

甲申元旦灌子召飲並賞春梅

春意初臨剪幼芽　紅雲乍染一牕紗　山村約舊琴停韻　累得詩翁又煮茶

同座王氣鍾王亞平及陳灌子三君聯句得一絕

春意初臨剪幼芽（蔣一安）嫩紅新染一庭花（王氣鍾）金樽碧酒何妨醉（王亞平）且向山中學煮茶（陳灌子）

春夜靜坐秋蟲悲鳴

秋蟲何所訴　春夜忽悲鳴　爾我同休戚　且收酸楚聲

聽鵑

幽谷風清月影微　杜鵑花上杜鵑啼　可憐慟哭山河淚　灑向枝頭化血衣

三十晉一生日時從事戰區教育收容學生三千餘人

詔華又是一年春　尺蠖屈居思欲伸　喜有三千佳子弟　東風桃李滿牆門

夜待周君鼎珩不歸

春寒何料峭　茅屋一鐙清　靜坐悟天理（周君著有天理歌）　微吟冷宦情　可憐山裏月　猶帶上弦明　之子遲遲返　虛牕長短更

青木關羣峯雄峙一峯獨聳

一峯雄峙伏羣峯　萬壑雲圍十萬重　頭角崢嶸猶鬱鬱　天公爲植一株松

按：此詩若有所指　越四十七年面奉立夫先生閱覽　撫背大笑

南泉之遊五韻（甲申三月）

南泉春色秀麗宜人一山一水咸富處女姿態泛櫂花溪沐浴春光俗念為之滌除惜內子勞形案牘未能偕遊耳

蘇杭景色遜三巴　林壑幽嫻春淡遮　水靜悄然閨閣意　風微吹綴寸心瑕　垂陽閃閃癲狂蝶

柔櫓聲聲動紫霞　願學翩飛雙燕子　來年戲繞花溪花

虎嘯口聽水

虎嘯龍吟歷幾秋　排山倒海勢難收　乍聽渾似崩天地　細視原非積雪丘　萬物居心齊上進

一溪蓄志向前流（靜觀山水之勢悟物體三態天之二性固氣二體性同向上非止即消液體趨前永無止境爲政能解此道庶乎近矣）　景林橋下嗚咽水　遺恨未回古石頭（林主席子超築室山腰額曰聽水樓建橋臥波便利行旅仰德政者以景林二字名此橋焉公領導抗戰歷時六載方期收復失土班師還都不幸中興未見遽歸道山誠遺恨也）

白鶴林唐廬神樹幹扁皮色紅潤肖似人體根鬚纏身儼然披髮未梳相傳昔有白蛇化人嫁某氏為妾每當入浴禁人探視良人奇而窺之乃一蛇也妾覺蛻變為樹余於欣賞之後與田乃釗何九淵二兄游泳溫泉有女同浴美艷動人余竊憂之恐其亦化為樹也戲作一律

茶蘼月暗入簾疏　春夢依稀廢不梳　悔恨君因窺戶牖　懷情妾願侍庭除　泉溫愼勿同池浴

水滑時爲化樹慮　多少人間香艷事　長留神話記空虛

汪少倫教授將長皖省教育赴任前邀余暨九淵兄春游即晚宴飲酩酊而臥賦詩奉貽

新村綠浸遊人醉　更向君家醉酒眠　一入名山清意境　常臨方澤潤心田　莫驚眼底三千卷
尚有胸羅百萬篇　此去春風舒八皖　龍門絳帳永高懸

別南泉再泛花溪

淡花溪是多情地　脈脈無言淚欲揮　嫩綠叢中紅袖舞　緋紅舞處翠屛圍　太空雨落泉飛急
大地春回水亦肥　借問此遊何所得　詩囊滿載詩材歸

題教育部雨景圖

綠竹青山德教施　弦歌不斷百年期　鵝湖鹿洞春風暖　吹向人間化雨滋

題盤溪飛泉圖

壯志獨堅能破石　丹心百鍊始成鋼　飛泉直下三千丈　不及銀絲一半長

偷閑小憩（甲申六月陪都青木關）

晨興

野興晨曦發　推窗松月殘　村外雞啼亂　壁間劍光寒　苦少俸祿享　幸多山水歡　硯田耕卅
載　長有腐儒酸

看山

山難定高低　卻借雲光映　馬本有良孽　伯樂知其性　投足自調勻　王良善御輕

讀史

西伯齊桓公　勳業貫蒼穹　姜尚管夷吾　輔弼竭精忠　古來帝與王　待賢功業昌

行吟

楚國有屈子　漢代有賈生　慧眼觀濁世　披髮澤畔吟　權力誘人醉　我醒我更清

登山

軀體不曾死　努力不肯止　邁步上征途　老驥志千里　豈言不得已　歸臥南山裡

驟雨

驟雨晚來急　雨過山近人　欲看紅日落　登山莫辭辛

貪飲

鄰家新醅酒　鳥語勸沽頻　一杯讀一篇　酒醇詩亦醇　大道行何日　典衣不憂貧

弄笛

新篁滴露清　步月芒屩輕　林深萬籟寂　獨抱松波聲

勝利在望

百千萬劫緣何故　有限江山無限情　烽火彌天長作客　干戈遍地忍偷生　希魔鐵翼飛恆鎩（希特勒空襲倫敦已見無力）倭寇海軍蟄不鳴（日海軍大敗於美軍之後潛藏無蹤）行看盟師班到日
歡騰宇內慶昇平

歡送進修班同學從軍遠征緬甸

中華邈邈五千載　盡是青年寫史詩　先主深憂東漢祚　武侯罷臥南陽陲　繼光殺賊功煊赫
去病驅胡家不爲　未讓版圖顏色變　炎黃畢竟有男兒

不甘龜縮便鷹揚　十萬王師赴戰場　吒叱風雲能變色　喑嗚江水倒流長　班聲蕭動煙塵起
劍氣高沖日月光　投筆遠征功異域　莫教孤負此昂藏
青木關頭秋未老　吳宮花草已蕭條　寇氛滿佈烏衣巷　奸氣縈迴朱雀橋　地下無顏見烈士
陵前有像跪人妖　（時汪逆初逝）　征人勝利還都日　爲向鍾山祭酒澆
故國山河收有日　金陵城下蹩強梁　王孫遠戍草初綠　班馬凱旋國有光　神駿常留功勒石
輶軒過處獻花香　女郎竊竊低聲道　除卻軍人不嫁郎

附錄和詩九首

憂勤國是慙無補　喜讀秦風于役詩　赴義更期收朔漠　立功還欲定西陲
狂瀾已倒應同挽　世運中興尚可爲　寄語干城諸子弟　封侯不必讓屠兒（鄒元丁）
班超不願作書生　卅六男兒絕塞行　漠漠胡天寒日下　至今猶有受降城（劉朗風）
諸生此去何時還　斬絕倭夷富士山　上馬仰天長一嘯　征鞭直指鎮南關
木蘭十載著戎裝　殺敵何饒赤髯郎　洗卻胭脂兒女態　同仇與子更同行
青年個個作班卿　萬里長歌殺敵行　沙塞齊看身手健　炎黃千古有賢孫（張天曜）
旌旗閃動劍飛霜　貫日長虹照大荒　十萬男兒齊振奮　鼓聲陣陣渡重洋
誓拼熱血救中華　劍膽琴心兩足誇　此去應須共努力　好將捷報到天涯
一洗千年積弱羞　書生也取敵人頭　會當直搗東京日　黃海重看金作甌
無端世運說窮通　國是已堪驚臥龍　民主初占新氣象　寇仇猶戴老元戎

漫將詩思追唐旨　好與書生誇漢功　指日長戈收朔漠　岳家子弟未全雄（王氣鍾）

生日試馬浮圖關（時大兄受訓將赴臺灣嫂氏同寓浮圖關余與賢内應邀登關小住）

夾道槐蔭兩面遮　暗香浮動日初斜　輕蹄得得浮圖上　無意聲驚落地花
骨肉天倫聚一樓　擎杯頻問再來不　麵長滿富千秋意　爲祝此生到白頭

乙酉春滿南泉七韻

春滿南泉客又來　山妻稚子笑顏開　櫻桃羞吐胭脂色　蕉葉欣添素絹材（偕遊）
環妃怪底嬌無力　無限溫柔膩水中　笑爾泳游姿態少　浮沉未與青蛙同（蛙式游泳最爲入時）
女兒生得似西施　溪上人家競入時　耀眼野花千萬樹　魂銷月下戀荼蘼（花溪探春）
杜宇哀思啼不盡　聲聲泣斷冰霜魂　懷情獨對花灘水　絕筆詩篇莫與倫（拜讀王向氏絕筆詩）
新月疏林夜未闌　惱人春色思無端　良宵苦恨知音少　獨向溪邊寂寞彈（聽蛙）
落盡杏花弱柳搖　黃帘招客恁風飄　當爐紅粉苦辭道　味薄原爲物價高（買酒）
點點巴山點點淚　江南景色此間圖　何當載酒登遊艇　拜別虎丘向石湖（余家祠在虎丘之麓祖塋在石湖之濱此日見掃墓者衆不禁鄉思萬縷）

黃桷消夏

黃桷濃蔭一小橋　潺潺流水夏全消　酒家少婦新妝後　要與垂楊鬥舞腰

關口落日

雲峰山浪映天低　晴照嵐光分外迷　關口夕陽斜渡鳥　客心一點與雲齊

夢詩（有序）

三十四年七月二十九夜　雨阻飛來寺　輾轉不成寐　門啓處　舊雨姚祖治兄由滬西來　攜畫一小幅　謂余曰　此尊夫人帶貽足下者　原畫題七絕一首　讀之愕然　談及羈離之情　相抱失聲　驚覺　南柯夢也　窗外淅瀝細雨　和以小鳥幽鳴　攬鏡自照　淚痕縱橫　憶顚沛生涯　余婦留江南一載　方跋涉西來　然亦分居城鄉　函告於婦　婦曰　八載以還　名爲分袂一載　事實何只六年　卿我雖同留陪都　然城鄉分居　數月一見　此正所謂何須千里外　即此是天涯也　越十日　倭寇投降　不久當可相偕買棹東返矣　夢中題畫詩如后

壯士一生多作客　清明細雨總傷神　江南二月煙花好　孤負樓頭看柳人

八月十日晚欣聞日寇無條件投降

無線電傳乞降聲　自由競向晚鐘鳴　狂歡轉念翻疑夢　縱酒典衣得失輕　百萬倭奴齊解甲　八年戰士始收兵　樓船即日東流去　喜極偏教涕淚橫

最後勝利終屬於我

勝利逼人不肯遲　欣然朗誦杜陵詩　思家預想還家樂　正是持螯賞菊時

公出悅來場預計過青小留汽車拋錨誤點

預計歸家十二時　途中故故逗遲遲　倘今錯把良宵誤　明月重圓又一期

中秋返城預計過青度佳節相約車站迎候仍用前韻

嘉陵江上入秋時　白露丹楓月出遲　綠水紅塵情更好　長亭細柳有佳期

中秋示內五韻

團圞人對月團圞　幸兔清輝玉臂寒　雙影幾曾明鏡照　二毛贏得不須嘆
山光水色夜模糊　對鏡妝成玉不如　企望今宵妝更好　同攀桂子上天衢
憔悴生涯臏苦吟　累卿典盡碧雲簪　俸錢淡薄殊無味　遯跡山林卻有心
關口沉沉白露寒　涼秋夜景耐盤桓　由來文士性情重　不負香衾日三竿
雲澹風疏雁嘹天　芳心最怕月虧邊　人間事事安排定　且進醇醪永夜眠

石翁婆頌讚

不作鴛鴦不羨仙　翁婆相守在山巔　人生百歲終當死　化石完成未了緣

關外十二峰

山深夜色覺朦朧　輕霧縈迴列列峰　神女襄王同一夢　高唐賦手競誇工

煙雨樓偕坐

唧唧蟲聲何所訴　蕭蕭竹露爲誰悲　可憐寂寞三更裏　兩點鄉心帶淚垂

紅豆

深閨寂寂月窺遲　紅豆燈前細數時　猶憶情人臨別夜　遺貽三五慰相思

題三峽歸舟圖

昔聞三峽奇、寤寐以求之　今臨三峽水　悠然發深思　長風萬里送秋雁　白雲兩岸猿啼枝
三峽險　客心危　三峽平　客展眉　古今多少英雄美人騷客飲者由此過　誰不見爾牛肝馬肺

風箱鐵棺雙淚垂　上峽八年期　歲月長悠悠　回首實堪悲　下峽千里遠　朝發白帝城　暮看洞庭湄　一葉扁舟東流去　追風深慚未可追　倭奴敗北方授首　趕上黃龍飲玉卮　吾生也何幸　逢此千年難遇時　吾生也何苦　枯腸尋題歸舟詩　明日酒醒自笑又何爲　自笑又何爲

豐文山秋葉

曲徑通幽翠接天　幾回拄杖入雲煙　霜楓蜀錦開紅靨　恰似娥眉醉欲眠

青木關晚景

橋頭橘綠與橙黃　幾點街燈暗淡光　酒後呼朋茶社坐　閑敲棋子自安詳

鄧元丁肺病入秋更劇遷海會寺休養寄詩探病並勸服藥

搖落秋風早　巴山雨夜何　飄零憐杜甫　憔悴病維摩　紅葉高頤兩　黃花瘦骨多　先生應自重　常就教華陀

附答詩

一安吾兄詩人惠教　一昨偕同陳灌子編纂造寓　適征旆已先時走渝矣　老灌曾一覽執事壁上新詩　極爲首肯　晚在顧佛影家小飲　並讀大漠詩集　興會甚豪　惟座中少一知己人　不免減釆　近以舊疾復發　入山靜養　奉　手教並賜詩　一再拜誦　神欽萬分　摩多兩韻　工緻無比　杜甫固飄零足憐　弟何人歟　不敢望先哲萬一也　承兄獎飾　慚愧無地　容日敬和近來茹素　尙可勉強　吃葷勢所不能　而客中之多病如此　實不知前世作孽幾許矣　敢祈不吝教言　以解岑寂　覆頌勛安　弟鼎再拜十一月二十五日

一安吾兄大詩人吟席　捧讀見　示錦著　誨勉特深　而二三兩聯　將弟整個病狀　描寫盡致
搜詞運筆　具見匠心　感念之餘　情何能已　爰依韻續擬一章　用答盛誼　並求指政　元
丁求正草　十一月二十七日
南沙久不見　相望悵如何　顧影滋潦倒　凌風欲盪摩　扶危良藥少　引重賴兄多　我有出山
意　憂時志靡陀

思歸

秋幕收兮冬張　白露凝兮為霜　海內懽騰兮三月　遊子思歸兮感愴

與杜書記負翁由北碚同赴澄江搭輪去合川視察黨務

月光擊碎嘉陵水　山路崎嶇梅暗香　買得扁舟逆水上　可憐戴月到澄江

合川之南有釣魚城元鐵木兒久戰不下中箭死於北溫泉時移勢轉而今外蒙又脫離我國淪為蘇俄附庸矣

釣魚城下水潺湲　古木參天六百年　時代全非空有跡　元胡今又自成春

飛蓉前三日送大兄飛京

兄向東飛我向西　思親能不面風啼　遙望衆鯉趨庭日　手足全歸我未歸

奉　總裁命飛成都視察四川黨務

雲海翱翔如隔世　峰翻波浪似浮桴　沖天一翅山河壯　下視梁州苑畫圖

過薛校書故居（有序）

入蜀八載　三赴錦江　雖飲薛濤井水　未過校書故居　丙戌之春　還都前夕　余奉　命視察四川黨務　於元宵後二日飛錦官城　翌日約陳秉鉞教授　登望江樓　面臨錦江春色　遙看玉壘浮雲　懷古思今　得七絕八韻

故居懷古

芳心早似卓文傾　樂籍吟哦帶淚聲　錦水同歌迎送曲（洪度集五百首多爲迎送之詞）　平生恨不遇長卿

小杏迎客

枇杷門巷碧煙橫　獻十離詩復舊情（濤事元微之因故獲怒遠之作十離詩以獻遂復善焉）　一夜東風利似剪　剪開小杏笑相迎

細柳懷人

贈別頻頻剩幾枝　千年始復萬條絲　長堤吹起惺忪態　要與主人鬥畫眉

紅梅鬥豔

領略東風況味長　芬芳透澈碧雞坊　傳情乍吐胭脂色　試剪紅綃製曉妝（濤有紅綃裁剪新妝詩）

綠竹長青

素心本愛六根清　雨後酬人吐隱情（酬人雨後翫竹詩云南天春雨時那見雪霜姿衆類亦云茂虛心能自持多留晉賢醉早伴舜妃悲晚歲君能賞蒼蒼勁節奇爲自寫照詩）　荒塚故居風弄月　綠雲深護讀

書聲

古井新箋

井因人傍錫芳名　箋製松花小樣新　辨慧工文林下住　煮茶睡起賦詩清

錦江春望

錦江春色淡無垠　猶憶江南草色新　一別江南成舊夢　空餘涕淚賦詩頻

詩樓春滿

吟詩樓上春初滿　濯錦江邊酒興酣　山色青蔥來劍外　舟聲款乃到江南

青城十二韻

登江源第一峰寒氣襲人毫無春意

松柏含煙雨氣深　青城宜夏不宜春　振衣長嘯岡千仞　有史以來第幾人

登呼應台下視三十六峰

眼底青城卅六峰　峰峰插入煙霞中　鳥幽與客酬詩句　朶朶雲飛太乙宮

晚齋後馮南煊住持持燭引登絕頂拜觀神燈是時星月俱無黝黑一片遠處螢光蠕動由一而二而四而八瞬息萬點若細胞之分裂然忽而全滅忽而又生變幻無窮堪稱奇觀按青城乃昔日內海之濱盆地之緣山中或藏有燐質之礦或埋有動物之骸發為燐火附會其說為神燈耳

齋罷踉蹌臨絕頂　神燈萬盞共朝山　光輝奪目無窮幻　風冷更闌不肯還

夜窗靜坐

上清玉宇絕塵寰　唯羨眞人性自閒　晉代古宮秦代月　一般寂寞對空山

宿天地　傳為麻姑浴丹處

月淡風疏詩味永　松濤竹浪讀書聲　勞生一夜天池宿　洗淨塵心百慮清

天未明起身觀日出不見

爲愛朝暾夜未眠　晨鐘要我步山巔　層層密密雲霞重　不得觀看旭日妍

至朝陽洞途中始悟青城命名之意

青城不愧是青城　峭壁懸崖草木生　危坐雲根如井底　靜聽風浪似刀兵

訪天師洞

看山要在入山深　健步千梯過碧岑　人語空山呼應響　白雲出岫本無心

訴蜜橋靜坐

遠山漠漠近山明　萬籟無聲一鳥鳴　我有林泉終老意　浮雲繚繞最多情

常道觀唐杏開花

三峰峭立降魔石　狹處容人小徑斜　道觀難尋春信息　千年銀杏自開花（杏爲唐人手植）

與道人閒話

五岳名山我未遊　青城深入便知幽　丈人峰下談今古（黃帝封青城爲五岳丈人）　俗慮能除百事悠

下山

山靈留我經常住　故教白雲阻路通　袖拂白雲山下去　頻頻回首丈人峯

離堆夜月

玉壘關傳子美詩　浮雲變幻古今悲　離堆猶照秦時月　一夜空明太守祠

應苗首席女史鄭學融科長約登靈崖途中

鳥道崎嶇一線斜　小桃深處有人家　雞鳴日午黃粱熟　樵子歸來踏落花

滑桿登山（此爲一構造簡單極危險而又極富趣味之交通工具）

滑桿登山人首倒　神危心懼兩眼瞞　都江含碧田鋪綠　留待下山仔細看

俯視沱岷

淺水幾條肥稼穡　淡雲一線渾田疇　閒花野草無人管　付與東風自己收

與上人坐看雲起處

出岫白雲疑白雪　隨風那復計西東　老僧指點雲根處　煙雨迷濛卅六峰

禪房窗下踏落英

黑風洞口草萋迷　靈竇泉清沁入脾　誰料枝頭嬌艷色　落英遍地盡爲泥

下靈崖拜謁二王廟

都江水利甲天下　父子功勳垂汗青　六字遺規毋擅變（深淘灘低作堰遵舊制毋擅變）　千秋廟祀有餘馨

過郫縣謁望叢祠

自古詩人好韻鵑　幾人曾到鵑城邊　二陵寂寞無風雨　一鳥哀鳴有淚涓　杜宇春心常不死
開明功績總堪傳　有錢難買郫筒酒　奉獻馨香意致虔

過成都觀花會

二月艷陽花正開　美人故故與花偎　嬌花如面面如玉　靜待詩人采擷來

與大足劉書記長散步香溪

相偕漫步濃蔭渡　夜幕弛張日漸收　憐爾海棠香國水　無言獨自向西流

遊寶頂雨阻廣大寺

雨霖廣大寺前溪　佇看沙彌逐魚飛　此是人間懺悔處　幾人到此不忘機

宿忘機處唐僧手植牡丹艷放惜風雨摧殘是夜初聞鵑啼

弱質天生稱富貴　無情風雨到晨曦　凋零片片爲泥土　只有惜花杜宇啼

向南充

涪江渡過向嘉陵　山色橙紅草色青　多少尼羅金字塔　獅身人面有儀型

抵蓬溪登寶梵寺觀唐代壁畫記起今日乃余生辰離家時內子叮嚀返家共度壽誕今竟爽約占寄代簡

去年飛馬浮圖關　今日屐痕寶梵山　與佛謀緣期不解　違卿密約竟忘還　輿憐缺乏點金術
猶戀些微斗米官　重負紅塵千萬債　塵根未淨出塵艱

宿蓬溪官邸鄰家和尚誦經床上蚤蝨吮血窗外梟鳥悽鳴不能入寐頗以為苦

似風若雨達通宵　燈結蓮花倦懶挑　蚤蝨擾人眠不得　矇矓反側怕聞梟

翌夜梟鳥依舊悽鳴

梟鴟悽悽一夜鳴　疑神疑鬼到殘更　三春興嘆都爲客　夢有歸思旅魄驚

渡涪江

扁舟隨意樹邊停　水底波光龜背形　萬里遨遊詩百首　巴山景色映心靈

清明歸途

草色青青麥色黃　清明時節歸途忙　春江水綠去何急　爲念江南春正長

抵山城

八年入蜀未遊倦　臨到出川興更濃　屐跡常留名勝地　河山收入小詩中

還都留別（時民國三十五年四月廿六日也）

黃山遙對蔣山青　才熄狼煙寇復爭（時共產黨叛亂日甚）肉食嘉謀興祖國（二中全會通過建國方案）　林園祭罷謁孫陵　沙場未及收枯骨　郊野充盈砍殺聲　杯酒長亭歌折柳　親朋燃起故園情

浮海吟

二卷　浮海吟

河山痛二十韻（有序）

赤焰燎原　河山色變　政府播遷　義民流徙　雖痛億兆生靈　關進鐵幕　沉淪深淵　差幸革命志士　倉卒去國　別謀良圖　加以天留餘地　運啓復興　教訓生聚　推行仁政　遠有一旅中興　三戶亡秦之史跡可循　近則義師北伐　全民抗日之勝利可鑑

今也曙色漸開　霽光初呈　剝極必復　否極而泰　故土光復　銅駝剪棘　國人信其可必也

然回憶大陸撤守之創痛　餘悸猶存　似不可不有詩以記之　一以歷史陳跡　可爲殷鑑　一以激勵軍民　增強信心也

和談停戰乖無方　輿論公然作鬼倀　狡敵精通滲透術　扁舟秘密渡長江（時民國三十八年四月二十日也）

口錫齒蜜掩猙獰　腹劍腸冰勝甲兵　統戰陰謀誠狠毒　幾人識得箇中情

連宵惘惘復忡忡　思緒紛紜涕淚窮　四野啼聲疑噩夢　江山一夜火燒紅

痛失京都哭出聲　春申葬父去逃生　因知別母成永訣　泣向茫茫萬里程（南京於四月二十三日

失陷上海於五月二十二日失陷）

羊城寄跡欲停留　驟雨緊追未止休　落葉隨風無定向　黃花崗上恨悠悠

國亡滋味我親嚐　敗退雞冠難奮揚　億兆斯民淪鐵幕　血腥統制近猖狂

殺人方法多於麻　砍首有如切菜瓜　妻鬥其夫子鬥父　天倫絕滅盡無家

全民慟哭賊獰笑　獸性癲狂血海淵　泛濫紅潮誰遏止　廢墟千里正燒燃

如犬喪家臣失國　傷心和淚有孤忠　混茫竟乏容身地　南海悄然泣斷蓬

兒飢妻弱灶煙寒　羞澀阮囊空自酸　莫笑西川杜子美　客中留得一錢看

或向西飛或向東　逃亡那復論行蹤　西飛殺戮成都外　東向臺灣運轉通（政府由廣州遷四川余攜新命浮海其西飛者在成都新津機場不及撤退被殺戮殆盡慘絕人寰）

血洗臺灣口號喧　驚心動魄奪人魂　勵兵秣馬從頭起　固若金湯建樂園

天留餘地復中華　夕惕朝乾日有加　莫畏史毛成一氣　由來正義滅奸邪

收拾人心撫孑遺　河山重整信無疑　丈夫勿灑窮途淚　淬礪堅強困厄時

大廈傾危有厚基　搖搖不墜尚堪爲　中華文化崇明德　伐暴行仁大可期

禍亂由來三尺冰　靈台一念繫民生　清源正本思維戰　反共乃能大道行

英雄自古留名少　百姓從來苦淚多　唯物思潮成浩劫　中華倫理止干戈

漢賊嚴明不兩立　河山再造合群英　整軍經武修文政　磨礪以須復舊京

建設臺灣海外春　推行主義曰三民　農村經濟新興策　且以至仁伐不仁（建設臺灣爲三民主義

模範省首先推行耕者有其田政策以對付其土地改革政策）
鼓吹中興靖亂源　毋辭勞瘁蕩妖言　同胞一日悲奴役　吾夢通宵有淚痕

臺灣基地上

臺灣基地上　士氣民心兩高昂　三民主義好　實踐成果眞輝煌　人人自由　個個平等　生活樂安康　政治民主　領袖賢明　生聚教訓薪膽嚐　毋忘在莒　亡秦三戶　中興偉業萬年光
臺灣基地上　士氣民心兩高昂　三民主義好　大同世界樂未央　山林開發　海埔新生　遍野盡稻粱　整軍經武　敵愾同仇　勵兵秣馬待鷹揚　毋忘在莒　亡秦三戶　中興偉業萬年光

偕諸生登阿里山觀日出（山高二三〇〇公尺）

阿里山高劇可悲　霜寒林黑路傾危　貪看霎𩆓時時幻　不顧颼飀陣陣吹　陟巘千盤肝膽裂　嘯雲萬頃心神怡　火輪起自新高後（新高山亦名玉山海拔三九五〇公尺）　大地光華復日遲

抵日月潭

路窄車飛急　崖深瀑瀉彎　潭平分綠島　峯列琢青環　日麗徒能仰　月華不可攀　何時投水底　任爾伏龍頑（日月潭原名龍湖）

日月潭晚景

夕照蒼茫樹　風雲無際邊　流霞憐野鷺　綠水映青天　番女娛遊客（番女以歌舞娛客）　詩人愛晚煙　苦吟難得句　唱和不成眠

登龍湖閣（借杜工部登白帝城最高樓韻）

一洗年來去國愁　心神舒展之飛樓　潭深日月沉潭底　水靜魚龍潛水游　艷比棲霞紅欲滴
媚如峨嶺黛輕流　無言沐浴朝陽裡　陶醉秋光海外頭

題放乎中流小影

面對雲山百慮清　秋高野色一船明　龍潭輕掀三分浪　助我詩潮繫我情

涵碧樓

日月潭邊月半輪　樓名涵碧味無垠　遠山近水歛聲息　四野惟聞犬吠狺

化番社觀杵歌舞

杵歌杵舞動人思　番女番童解客頤　笑我諸生爭好異　也持春杵學番夷（昔知古樂中有春者但未之見今此觀番舞有以長尺許之竹桶舂地以調節拍者訊之名曰春書云禮失而求諸野今更知樂失亦須求諸野也）

番人刳木為舟上古時物也

獨木船上客　飽飫湖山色　澐浪撞擊舡　搖擺益自得　山環抱萬仞
潭平俯千尺　沌沌一派引　洶洶不可逆　發電億萬瓩　民生賴以立
或以舉光明　或以發動力　科學日昌盛　宇宙無廢物　回憶三峽山
山山盡崱屴　峽裡奔流水　水水爭湍急　吾能利用之　生靈普沾益
惜以巨猾亂　友邦廢畫策（YVA計劃因內亂而止）
大地鼙鼓動　祖國火焰赤　海外懸一島　尙欲洗以血　孤忠集悲憤

深願頭顱擲　既有雲漢志　奈何縛其翮　此景雖然好　此身安可適
潛身山水間　默默復寂寂　默默復寂寂

八皖江兆申先生能詩善畫承連贈二詩謹步韻奉和

寄詩有味似連珠　驚起孤鴻一笑吳　嚴武憐才羅杜甫　草堂睡醒日遲無

附原詩

寄一安先生索詩

昨讀清遊賦疊珠　敢將咫尺測天吳　西崑唱和應多集　能示班連一點無

一安先生有道　向者得聞　先生大名　一昨讀清遊襍詠　景慕之誠　油然以生　遂有續貂之舉　不圖光寵有加　辱頒佳什　辭藻既麗　獎飾逾恆　乃覺物以類聚　士以氣投者　僕與　先生其有焉　江兆申頓首

久欲投名紙　傭春苦未閒　卜居原偪仄　夙性亦疏頑　高曠清懷壯　低迷雲樹閑　詩筒每傳寫　文采見斑斕

步正豫兄向晚漫步基隆海水浴場原韻詩成三吟淚如泉湧

片心西望每忠勤　大陸茫茫滿寇氛　鐵幕低垂重疊疊　胡騎縱騁擾紛紛
江南信札沉雙鯉　故國夢魂托斷雲　悲憤能銷應是酒　愁腸酒入更憂慬

故鄉為中共蹂躪

煮荳燃萁急　相殘世所稀　殺人兼放火　共產亦共妻　骨掩無黃土　血流滿碧溪

可憐淮水月　常照冤魂啼

自題肖影

秋菊傲霜兮石骨枝　冬梅立雪兮冰玉姿　屈賈長才兮千古仰　夷齊高節兮萬世師　版圖其非兮性莫移

除夕登蕨山

陰雨纏綿瘦損腰　乍晴景緻愧難描　白雲幾片蟬紗淡　清水一泓日影搖
茶到嚴冬花怒放　蕉逢歲暮葉猶招　堪憐聖誕家家樹　笑靨經霜氾醉潮

初春登蕨山

愁來探蕨憶京華　遙對幽燕意不斜　魂斷江南空有淚　可憐血染杜鵑花
眼底乾坤點點春　枝頭著色覺新新　王孫又見草初綠　猶是天涯一旅人

題季薇女畫師野玫瑰劇照

優遊藝囿思依歸　如走神龍筆一揮　玉腕描摹成錦繡　黑蛟騰躍落珠璣
常將倩影照清影　收拾羅幃設絳幃　供案瓶花兼四季　野玫瑰本是薔薇

春遊

探花原是惜芬芳　一領東風況味長　草木不因冬逝綠　枇杷卻爲春來黃
貯盤切翠西瓜冷　滿徑鋪金壽菊蒼　南國佳人顏色好　珠簾捲上玉無光

林鶴年音樂家伉儷召宴

今夜欣臨知德廳（子貢曰聽其音而知其德立夫先生因以此名其廳）深情厚愛有餘馨　明朝又賦關山月　愁見霧峰雨後青

題賴明華女弟湖山高歌照

歌喉嘹亮湖山清　蕩漾小舟日月明　眷戀白雲天外去　靈犀一點若爲情

有所怨（題照）

蜂蝶翩飛繞小樓　繁花嫩葉繫人愁　春風不肯與儂便　秋水望穿意未休

有所待（題照）

隨風花影過牆頭　小立牕前凝兩眸　疑是玉人疑月影　欲呼還止半含羞

有所圖（題照）

椰風蕉雨送秋來　一襲新裝素手裁　錦繡裝成圖悅己　鉛華原是爲君開

題虎丘之春（照片參加四十年雙十節自由中國懷念大陸影展）

鐵骨枝頭著曉春　虎丘老邁亦精神　故園勝跡今猶在　客裡長懷夕與晨

題瘦西湖之秋（照片參加四十年雙十節自由中國懷念大陸影展）

瘦西湖畔柳如烟　想見當時繫畫船　風月不知人去也　依然吹送到亭邊

烏來觀瀑

危崖懸匹練　隔岸穿雲飛　濺月珠千斛　噴烟霧一圍　秋來九仞瘦　雨霽百川肥　貪戀山中趣　歸來帶夕暉

惟吾德常馨

河山破碎盡　早忘利和名　一意懸絳帳　期立德言型　八德與四維　世人早惡憎
東風向西倒　西風則東傾　北極風吹至　靠攏競相爭　兔死走狗烹　貳臣古來輕
微利衆所趨　腐肉集群蠅　以身試國法　悔悟已拘囹　面從退有言　當面僞輸心
覆手方作雨　翻手又作雲　濁斯濯足也　清斯濯我纓　漁父人生觀　屈子焉肯聽
張衡追漁父　仍諒道不明　道喪向千載　重期在序黌　元首頒校訓　殷殷觀厥成
莫笑一腐儒　窮酸守終身　飯蔬食飲水　樂於枕曲肱　富而縱可求　執鞭若爲情
小人斯濫矣　君子玉壺冰　行之乎仁義　游之乎九經　陋巷斯陋室　惟吾德常馨

春遊碧潭

萬物皆含碧　千山盡是雲　橋懸疑雨霽　蘿翳漸移曛　客久心猶壯　愁多情益殷
可憐中土者　翹首望三軍

便當頌

便當便當　你眞是便當　精巧隨身帶　蓬萊粘又香　園蔬兼珍饈　飢餓充轆腸　嚼飽且請勿
漱口　消化有酸梅檳榔　提起便當　我的口涎流芳

便當怨

便當便當　你何嘗便當　帶起來不便　吃起來不香　硬飯難下嚥　冷菜實難嚐　年來胃病由
你起　新近消瘦你助長　提起便當　我的眼淚汪汪

註　一人一物一事之批評　常有主觀成份　滲入其間　罕有純客觀眼光評之也　即以臺灣流行之便當而言　愛者愛　憎者憎　欲我論定　歉難下筆　日昨課餘　聞二生為之爭辯不休　歸來測諸六兒女　褒貶頌怨　各得其三　誠難為我矣　為作便當頌便當怨各一首

觀曇花（有序）

四十一年七月十五日晚　蘇校長宅曇花盛開　應邀觀賞　是花　蒂不著枝　生於葉端　紅紫短莖　彎成簾鈎　形同菡萏之花　即啓於其上　托下有綠葉扶疏　瓣外生龍爪霞襯　花色雪白　略染鵝黃　潤潔如玉　暗香似梅　複瓣猶雲層疊起　重蕊若柳絮棉薄　其淡雅灑脫雖碎剪鵝毛　迎風飄舞　亦不能形容刻畫也　其柔美情調　彷彿圖之　有類無骨之輕波　又類瀉地之銀光　倘置諸月下　吾恐交融一體　祗透暗香　不見其形也　中夜怒放　不過四小時即謝　客咸慨乎曇花一現之短暫　吾獨悲夫人生百年亦相類也　故窺曇花一現之容光　常繫文士三生之夢幻　主人囑為題詩　因成一律

文士三生寤寐求　何緣相見氣相投　柔情似水嬌無力　複瓣猶雲淡不收　一現常興朝露意
百年也類晚霞浮　瓊花莫幸隋煬看　我有詩人豁醉眸

弔有民族正氣的屈靈均（壬辰端午全國詩人大會賈景德院長命題）

詩人浩氣秉靈均　千載同聲弔逐臣　日月河山蒼冥塞　茫茫禹甸見回春

漁父問（癸巳詩人節基隆詩人大會擊鉢吟）

思念舊邦心怫鬱（靈懷　余思舊邦心依違兮　九嘆逢紛　心愁愁而思舊邦　沈江　心怫鬱而內傷）

汨羅江上問漁人　昏微天道懷沙賦　騷客年年弔逐臣

寄海外二公　借于院長右任先生陽明山展望原韻

大海茫茫撼一磯　群生瘦死群魔肥　孤兒無母思親淚　遊客幾時鼓浪歸
令色孔壬何足畏　安民俊乂剩餘暉　哲人去國雖遼遠　猶有典型當代師

癸巳大暑海事專校首次招生入闈　借賈院長景德先生高普考闈中感賦原韻

濟濟一堂靜不譁　中天日甚欲昇華　無垠浩翰能征戰　萬里長風破浪花　四代家聲三樂也（余先曾祖任淮安府學教授先大父著書授徒先伯父宦學部侍郎先父畢生重視教育余述遺志爲作育英才而獻身）千株桃杏一無斜　緣何矢志甘清苦　作育英才興有加

烏來觀瀑隨光亞二兄并偕次子泉成

小憩晴日寂無聲　但有飛泉湍湍鳴　輕霧環騰迷視線　跳珠四濺亂心情
萬般世事出人意　遍地風光任我親　自苦痌瘝常在抱　恨無快剪剪荊榛

碧潭途中

綠野人家面小橋　浣衣粉黛鬥妖嬈　笑歌聲裡夾鶯語　恍似越溪看舞腰

題東方日報周年紀念辭

鐘聲鳴兮東方旦　東方旦兮山河光　山河光兮主義揚　主義揚兮日月長

贈風雨樓主人　　一簫一劍室主人

砧聲斷續不堪聞　秋透簾櫳已十分　莫上瓊樓空對月　好傾樽酒細論文

共憐相思濃於墨　爲報詩情淡似雲　世局滄桑心事寂　任教梧葉落紛紛

感懷一首呈風雨樓主人　　**摩尼室主人**

平生孤陋喜多聞　岐路徘徊不易分　偏是疏狂難用世　卻緣抑鬱爲工文
衰殘此日留窮島　裘馬當年憶五陵　閉戶種花眞得計　摒除俗事遠群紛

附原簡　拜讀大作　知有杜老傷時　仲宣登樓之嘆　彼此羈愁　同深一嗟　詩句挺拔　直逼放翁簡齋　無任欽佩　東坡云　青山一髮是中原　今歲新春　萬象更新　或有重見家山之喜也　陶芸樓頓首　附贈拙作風雨樓圖并祈哂納

排悶

反攻喁望在何日　英武貔貅久橫戈　廢書鬱悶難遣興　收音機內聽軍歌

碎壺擊劍

終天憤憤復何益　望海人凴風雨樓　誰道書生無底用　碎壺擊劍取人頭

哭中原

太行長白盡胡羶　鴨綠瀾滄本漢天　濡染萬千兒女血　遙從海外哭中原

樓高萬里情

赤燄半寰宇　神州亦甲兵　蒸民無噍類　四野有啼聲　夜靜一枝筆
樓高萬里情　何時渡海峽　直取北平城

除夕詩和衣靈兄

鯤島羈棲共歲殘　青春逝盡怯春寒　頻添去國尊前淚　減卻團圞膝下歡　誰信銅駝荊棘裏
任教海盜沐猴冠（俄人建國始於海盜盧立克之建立諾夫格勒王國故稱蘇俄爲海盜子民）　更雞報曉
開新運　風雨晦明放眼寬

黃花頌（爲紀念黃花崗七十二烈士作）

一

青史青
黃花黃
碧血丹心永留芳
浩然正氣充天地
慷慨悲歌釁強梁
青年乎
青年乎
先烈典型垂宇宙
歌兮泣兮引高吭

二

青史青
黃花黃

碧血丹心永留芳
田橫五百爲取義
博浪一椎張子房
青年乎
青年乎
歷史全由青年寫
中華兒女何光芒

三

青史青
黃花黃
碧血丹心永留芳
頭顱一擲驚羊城
義旗高舉復武昌
青年乎
青年乎
黃花黃鶴相輝映
吾生愧不爲國殤

四

青史青
黃花黃
碧血丹心永留芳
清廷傾覆日寇邊
邊事戡平逆猖狂
青年乎
青年乎
國仇家恨何日已
青年之責重且長
青年之責重且長

海水頌（爲慶祝海事專校水產學校聯合校慶作）

一

山兮高兮高峻嶒
海兮深兮深千尋
山爲天之陽兮
海爲地之陰

無海感枯燥兮
有山方峥嶸
海外三島圍於水
陸上五嶽籠於雲
陸地一何小
海面大三成
陸產誠有限
海藏若虛實以深
黿鼉蛟龍魚鱉數堪驚

二　滄溟篇

大江東去何所往
百谷共尊王
竊笑細鳥空有塡石志
終遺後世譏笑其瘋狂
嘗欽子貢持瓢飽飲去
讚歎其深其闊難測量
從此無人敢以蠡來測

我不吳兮亦不揚
忘歸兮齊景
欲渡兮秦皇
波濤飛灑兮
如崩雲撒霜
風雨同舟兮
宜揭帆掛檣
吾道不行兮願浮桴
漢室傾覆兮乘槎亡
泱泱大國兮海爲疆

三　潮汐篇

朝朝暮暮弄潮汐
如吼如訴一如泣
高處玉峯連
疊來銀屋立
雪浪呑赤都
金波貫長白

風馳電掣兮金蛇竄
雷轟雨擊兮玉虎穴
有若謝石淝水陷陣兮
悲壯激烈
有若荊卿易水高歌兮
氣豪血熱
有若清照淚水吟哦兮
低聲訴泣
匹練閃閃拖晨霧
孤帆悠悠浴落日

四　礁石篇

天吳欲吞石
石不容其欺
礁石嶙峋屹然立
或如虎豹或熊羆
搏擊不相讓
鬥志終不疲

轟動幾成雷
吼嘯疑怒獅
氣勢何雄渾
雷霆萬鈞擊於斯
耳聞萬馬奔騰兮
聲驚神祇
目睹游龍高躍兮
呑吐雲霓
有類巨靈猛搏兮
百掌千椎
酷似長鯨奮擊兮
突杌雄奇
憐他風伯助陣兮
徒損萬斛之珠璣
不欽礁石之堅定屹立兮
腹背受敵永不衰
吾佩夫天吳鬥志卓絕兮

屢敗屢戰仍相持

五　征海篇

洪波太清之中兮
百靈衆仙之廬
積太顛之寶貝兮
儲隋侯之明珠
浩瀚滄茫兮
北極縹緲而南至虛無
洪濤瀾汗兮
東演析木而西薄青徐
廓如靈變兮日月沉
氣似天霄兮雲霓浮
崇島巨鼇兮隱其中
岑崟細鱗兮潛靈居
爾毋以其深遠險巇見驕兮
以吾青年之力之熱之血
乘長風破萬里浪如履坦塗

壽介公六八壽辰

為天地立心為生民立命
與山河同壽與日月同光

附錄　中正頌

為慶祝總統　蔣公六八壽辰作

吾國雄據東亞數千年，養成「齊莊中正」之民族精神，蓋「齊莊中正，足以有敬也。」能中能正，「溥博如天，淵泉如淵，見而民莫不敬，言而民莫不信，行而民莫不說。」易云「直其正也，方其義也，君子敬以直內，義以方外，敬義立而德不孤，直方大，不習无不利，則不疑其所行也。」君子主敬以直其內，守義以方其外，敬立而內直，義形而外方，義行於外，非在外也，敬義既立，其德盛矣。能如此，則「聲名洋溢於中國，施以蠻貊」。立國如是，立己何嘗不然？

何謂中？「不偏之謂中」。無所偏倚，從容中道，易云：「九二貞吉，得中道也。」中是天下之正道，正道不由，將步入岐旁，人類道德之正道為仁愛，人類政治之正道為民主，舍仁愛，取殘忍；舍民主，取極權，統非今日之正道，亦非他日之正道也。

中庸有云：「喜怒哀樂之未發，謂之中，發而皆中節，謂之和，中也者，天下之大本也；和也者，天下之達道也，致中和，天地位焉，萬物育焉。」人性之表達，必需不偏不倚，合乎中節，宇宙萬物方能各得其所，蓋中為天下之大本也。「大本者，天命之性，天下之理，皆由此也，道之體也。大本無少偏倚，其守不失，其守不失，則極其中，極其中，則能盡其性，能盡其性，則能盡人之性，能盡人之性，則能盡物之性，能盡物之性，則可以贊天地之化育，可以贊天地之化育，則可以與天地參矣！」能守中，則可與天地並立為三，中之重要，有如斯哉。

仲尼曰：「君子中庸，小人反中庸」。所謂中者，如前說：「不偏之謂中。」乃天下之正道。所謂庸者，程子曰：「不易之謂庸」。乃天下之定理，吾總統最重視中庸之道，謂宇宙無窮生命中所運行的自然之理為性，合乎自然之理為道，使不合乎自然之理，納諸合乎自然之理為教，道與人不可須臾離，此皆正道也。聖人惟恐人之守中庸不堅，於顯處能守，於隱處則不能守；於衆處能守，於獨處則不能守。故提示吾人「君子必愼其獨也」。愼獨者，人所不知，己所獨知之地，幽暗之中，細微之事，跡雖未形，而幾則已動，人雖不知，而己獨知之之事，必常戒懼，吾總統欲遏亂萌，而不使潛滋暗長於隱微之中，以至離道太遠，爰告我革命同志曰：「研幾於心意初動之時」。

總統於四十三年七月講述「革命教育的基礎」訓示國人，要以「定靜安慮得」來作精神修養的程序，而以「危微精一中」來作精神修養的主意。所謂「危微精一中」者，即尙書大禹謨「人心惟危，道心惟微，惟精惟一，允執厥中」是矣！古人訓示後生：人心危險，道心精微，需要擇之精，守之一，深信如眞能執其中道，然後道心方不為人欲所矇蔽，可見中道之重要，人苟能固執之，則可達修養身心於至善之境。顏子之所以稱聖，蓋其「擇乎中庸，得一善，則拳拳服膺，而弗失之矣。」能擇乎中，能守乎中，此行之所以無過，無不及，則達乎中，不及則未達中，過與不及，都非中道。

如何能達中道乎？無他，誠而已矣！能誠則「不勉而中，不思而得，從容中道」此非聖人莫能。眞實無妄，乃天理之本然，其未能眞實無妄者，必用盡方法，以達其眞實無妄之域，其法爲何？曰：「擇善而固執之者也」。善，仁者能之；擇善，智者能之；固執善，非勇者不能也，三能齊備之人，必能擇善而固執之，故雖非先天之聖，亦可以人力補天賦之不足，成爲聖人。孟子曰：「人皆可以爲堯舜」，即此意歟！此國父所謂人皆可以由於服務之道德心發達，而同成爲聖人是。

何謂正？「直而不衺謂之正，方而不衺亦謂之正。」即方直不曲也。方直不曲，純一不雜，正直不邪，平正端莊，俱爲正之訓詁，而其根本含義爲一，即「無邪」。無邪則萬事可爲，有邪則萬事不成。人而如何方能正？蓋天生人，其心不同正如其面，如何使心齊一，惟有大學八目所言「正心」。正心的功夫乃在存養省察，使片心常湛然虛明，不爲物慾所蔽，不爲感情所勝，由此可見正心的先決條件爲「誠意」，何謂誠意？一曰毋自欺，一曰必愼獨，毋自欺，則不會欺人，能愼獨，則能固執其善。易經家人，「家人，利女貞 彖曰：家人女正位乎內，男正位乎外，男女正，天地之大義也，家人有嚴君焉，父母之謂也。父父，子子，兄兄，弟弟，夫夫，婦婦，而家道正，正家而天下定矣。」心正則身可修，家可齊，國可治，天下可平矣。「自天子以至於庶人，壹是皆以『正心』修身爲本，其本亂，而末治者否矣。」

正心目的在明明德，明明德目的在親民。明德修己，親民治人，皆必止於至善。其功用效果爲何？總統說：先能由格物致知的功夫，求得眞知灼識，見到獨一至善之境，確定中心信仰，即「知其所止」「止於其所當止」。然後在事既有不易之理，在心自有不易之趨。如此，心能安定下來，然後妄念不明，外物不搖，而能澄澈光明，虛靈獨照，歸到靜的工夫，靜，便能泰然怡然，無入而不自得，到了安的地步，安，便能深思遠慮，猜究一切，調處一切，無往而不得其宜，亦無往而不收其功，此乃前節所言精神修養的程序「定靜安慮得」是也。

有正必有邪，此爲必然之理，雖然在搏鬥途中，正道高一尺，魔道高一丈，然其結局，則爲邪不勝正，一正可敵十邪，文山之孱弱，其所以俯仰於土室，能敵七邪者，乃存有浩然正氣也。浩然正氣者，中華民族五千年文化歷史倫理綱常，所賴以生存發展者也。至大至剛，充塞于天地之間，在下則爲河岳，在上則爲日星，於人則爲浩然之氣。具此浩然之氣者，則可別順逆、明生死，辨是非，識大義，發展爲可歌可泣的革命精神，此千古教育家重視正氣者在此。今者民族敵人當前，吾總統所以苦心孤詣，提倡正氣者，蓋欲以正敵邪，認定此爲擊敗敵人之唯一武器。

正道爲何？三民主義也。邪道爲何？共產主義也。唯物論偏於左，唯心論偏於右，獨三民主義之民生哲學不左不右，適得乎中，適得乎正。偏左則過，偏右則不及，過與不及，各有偏差，俱非正中央也。正中央只有一，此外則爲歧旁，歧旁之途多矣哉。諺云：「正路一條，歧路千條」是也。人往往爲歧途所惑，歧路之前更有歧路，再向前進，則迷途難返矣！列子說符有云：楊子之鄰人亡羊，既率其黨，又請楊子之豎追之，楊子曰：「嘻！亡一羊，何追之衆？」鄰人曰：「多歧路」，既反，問：「獲羊乎」？曰「亡之矣」！曰「奚亡之」？曰：「歧路之中又有歧焉，吾不知所之，所以返也。」心都子曰：「大道以多歧亡羊，學者以多方喪生。」本同末異，求道者尚誤其趨向，何況本不同而末更異之共產主義極權政治乎？

悲夫！歧道危而似安，歧道遠而似近，歧道詭譎而似平正，歧道艱難而似容易，足以迷人，足以誘人，夫正道雖近而似遠，正事雖易而似難，正味雖甘而似苦，正言雖順而似逆。世人對正與邪之錯覺，易導致正人於不正之途，此教育者應提高警覺者也！

儒家提倡正心，目的在於爲政，「政者正也」，「正者政也」。正人爲政，則治，不正者爲政，則亂，正與政一而二，二而一也，古人以政訓正，以正詁政，蓋欲後人以正治國。而引導中華民族於富強康樂之境，達於世界大同之域。

今總統　蔣公中正於一八八七年十月三十一日即古曆九月十五日未時誕生於奉化，初名周泰字志清，生而穎異，舉止殊乎恆常。若出水蛟龍，脫羈神駿。九歲讀完四子書，十四歲讀畢詩經，尚書，並受易經。王太夫人極愛憐之，以其爲治國磐材，蓋世大器，因改今名，並以介石二字字焉，寓作育深意，更冀其發揮民族至中至正之精神，與夫救國救民救濟世界人類之要義焉。中正二字，屢見於易經。需：「酒食貞吉，以中正也」。訟：「訟元吉，以中正也。」同人：「文明以健，中正而應，君子正也，唯君子能通天下之志。」豫：「介于石，不終日，貞吉。」象曰：「不終日貞吉，以中正也。」晉：「晉如愁如，貞吉，受茲介福，于其王母。」象曰：「受茲介福，以中正也。」　總統畢生効忠民族，實爲我民族救星。四十歲完成東征，五十歲完成統一，六十歲完成抗日，觀乎今日大勢，則八十歲完成復國建台之歷史使命，可預卜也，可預祝也，誠如司徒雷登旅華五十年所言：「歷史對他將有好感」。

値此六八華誕，萬民歡騰，筆者謹訓詁並歌頌「中」「正」二字以爲壽，藉欲使吾國人知吾民族精神之所在，與夫民族命脈之所繫也。是爲頌。（刊於新生報祝壽專號）

贈溥儒心畬大師

腕底多春趣　丹青百世名　藝林推祭酒　文苑重先生　筆健人尤健　神清氣亦清　羨君高隱
者　暝色一舟橫（大師以書畫易予古玩其中有暝色高隱一幅）

贈陳館長霈蒼

閩江古渡起狂濤　阿里山前夜焚膏　白首窮經不辭勞　詩文一代振風騷　客夢鄉思常滔滔
遣愁且向酒家醉醇醪

基隆修禊（有序）

全國詩人修禊於基隆紫薇山莊　由于右任院長主席　賈景德院長講演　張默君委員命題
謝貫一市長作東　余董其事　東南俊美　咸集海濱　或飲旨酒　或棹孤舟　或醉臥林泉
或揮毫山巖　盛事也　亦快事也　時民國四十八年己亥三月三日也

三春臨水來修禊　海外猶存上國風　嗟悼陰陽分世界　快然少長集基隆

進登耄耋精神健　附驥群賢興味濃　西望雲烟封故土　可憐民俗渾難同

行年四十三矣

茫茫海角駐征驂　忽忽行年四十三　往古來今知音少　有心無力愧爲男
筆除吟咏尚何用　志到窮荒益廣覃　怨艾半生空渡過　不求名利冠天南

五堵夕陽秋收

遠山寂寂近山陰　西下夕陽照晚林　流水索橋人戴笠　金黃一片慰農心

夢回外婆家

昨夜夢魂又回家　外婆橋下闃無譁　兒時嬉戲空陳跡　破瓦殘磚鬼咄嗟（毛某近有萬戶蕭疏鬼唱歌之自供詩句故國冤鬼早已無心唱歌而空咄嗟矣）

歲暮夜讀

椰風椰雨歲云殫　披卷挑燈待漏殘　地坼天崩驚敗退　海枯石爛誓回還
常嗟靳尚讒屈子　何幸荊卿遇燕丹　讀罷離騷讀史記　心思萬縷湧毫端

風雨見精神

浪跡海隅久　無從訴心情　天涯續寶命　絳帳寄浮生　鬧市著作苦　馬槽風雨驚　歲寒高氣節　歷落見峥嶸

題畫

細雨魚兒躍　微風柳絮飛　鴛盟天共久　春暖水初肥

題松梅

髯龍落落不凡材　十月嶺南第一開　寫得冰心高格韻　癯仙依約美人來

題墨梅

冰髯玉節間苔枝　瘦影參差落墨池　猶憶錢塘殘雪裡　西窗相對鬢如絲

題歲寒圖

品宜高士富精神　晚節清高松竹筠　壽帶飛來尋益友　歲寒乍見尚疑春

題畫

花堤柳岸一池蓮　長夏無聊半日眠　西子適吳歸未得　丹青和墨畫輕船

題畫

澐澐方澤碧於油　奔出瞿塘向鄂州　渾似還都歸去日　楚山點點送行舟

贈友

登高望遠遠山明　一角小樓意境清　花木扶疏生趣厚　風流似作洞庭行

遷居暖江冷翠軒

詩人誰不惜芳辰　不惜芳辰是俗人　花木滿庭竹一院　無言輕露吻微塵

暖江春色

誰道基隆沒春天　春天淡灑暖江邊　暖江春色來天外　天外風吹春色妍

暖江夜月

岫色空濛籠遠巒　呼妻移玉倚欄看　難忘六月十三夜　明月玲瓏喜共圓

坐夜

不燈不火當窗坐　萬念俱清一老僧　久坐垂垂深入定　似醒似睡但神凝

暖江小夜曲

良伴迎儔

夕陽斜掛遠山頭　萬道金光照暖流　車馬聲諠公務散　倚門良伴笑迎儔

野老閉門

蟲聲唧唧報黃昏　野老無聊深閉門　夕照枝頭紅滿樹　歸鴉故故并蟬喧

一天風月

雲封古刹隱牆紅　閒伴鐘聲萬斛楓　冷漠人心非關我　一天風月有無中

淡雲薄霧

淡雲薄霧籠巖嶢　爲愛幽情不弄簫　隱約歌聲時斷續　誰家兒女擾清宵

露紅螘綠

露紅螘綠是新醅　笑向知心暖玉杯　樂水樂山隨所樂　莫嘆兩鬢髮初灰

滿村秋色

一窩兒女燈前笑　三五親朋樹下吟　且喜暖江情調麗　滿村秋色月敲碪

一笑手談

芝蘭意氣喜相同　一笑手談興味濃　豪氣凌雲人不倦　夜深困鬥方城中

長笛破空

山深嵐氣晚來賖　石上寒泉夜更譁　長笛破空疑號角　南柯驚夢恍鳴笳

蛙鼓聲諠

蟾光照澈奔騰水　蛙鼓聲諠不夜天　起立花叢香襲袖　蕉窗碧色鎖雲烟

空堦冷露

六合茫茫無不有　此間祗有水和山　空堦冷露鳴寒蛩　夜夜斗牛射宇寰

曙色穿雲

曙色穿雲月已斜　迷朦初透野人家　和風帶露剪苞放　處處晨烟點點花

乘風飛去

枕詩不寐思無端　浪跡天涯意未闌　我欲乘風飛去也　瓊樓究有幾多寒

右詩何武公評曰　君才華卓犖　筆致清遒　凡所抉拾　沾溉萬流　和詩一絕曰　北斗初斜雞亂鳴

蟾光吐白海潮生　暖江夜曲低低唱　恍若秋颷樹上聲

率諸生冒凜冽寒風登月眉山遊靈泉寺學生興趣盎然余則秋思不勝

登峰造極頂　如履小平丘　攬盡靈泉勝　興憐故國浮　烟雲呑冷翠

風雨挾寒流　回首來時路　蕭蕭荻影秋

贈洪吉嵐鄉兄

本是寒山一古柏　何緣相見瘦梅花　輕風細雨蓬萊巷　午夜挑燈倍憶家

圓山飯店艷舞

雕樑畫棟紫金城　酒綠燈紅暱近卿　珠落玉盤音未了　輕靈舞步踏歌聲

伐桂（有序）

近有人效西洋桂冠詩人故事自封為桂冠詩人復恐惹反感乃列于右任梁寒操諸先進於其中引起詩壇風暴群起伐桂獲得政府與社會重視教育部乃下令不承認有所謂桂冠詩人更不准假名出國開會一場風波始告平息誠千古以來詩壇笑料也

榴裙五月長拖地　竟有狂狷戴桂冠　正則有知難忍俊　笑他世界多奇觀

但唱秧歌不種田

中原板蕩舉狼烟　但唱秧歌不種田　忍教蒼黎公社化　何時西渡著先鞭

寄傲南窗

小杜才高空自許　大蘇滿腹不時宜　洗心寧一藏於密　寄傲南窗讀楚辭

夢歸

昨夜夢魂多少恨　石頭城外蔣山顛　鼓樓旗幟無青白　但有污腥處處吹

夢死

分明噩夢是身亡　多少親朋弔唁忙　有哭有哀兼有淚　獨無妻子跪靈堂

詩書香

芝蘭馥郁詩書香　簷外花前日正長　午睡醒來無一事　隔窗閒看蝶蜂忙

深居懶出門

情場失意者　深居懶出門　春風不解意　故故叩我閽　我心枯且冷
力求淨六根　隔牆春意鬧　死灰有餘溫　行蘿非獨立　有意托綿杭
綿杭高且峻　深閨暗愁怨

四七初度

四七生辰適壯年　扶危撥亂意拳拳　宋明史籍何堪讀　家國深仇常掛牽
白下回師民雀躍　黃龍把酒賊心煎　少陵訪舊半爲鬼　獨坐羌村涕淚漣

客愁

浪蕩江湖二十年　飄零身世怨啼鵑　阮囊羞澀慚無計　獨向灘頭曲臂眠
雨笠烟簑上小樓　從來無競亦無求　行看五十知天命　咬得菜根豈別謀
月黑天涯不弄簫　眼前隱見泛紅潮　哀鴻遍野生無路　何故天公降此妖
陋巷先賢一簞瓢　枕詩酣睡厭鳴蜩　藜羹豆飯宴如也　恥與貪頑共律條

哀亂

憤

荒唐怪誕盡豺獌　自愧無才肅冥頑　燒盡遺稿和遺骨　不留點滴在人間

怒

水碧山青染血紅　砲聲隔岸正隆隆　今宵坐對滿潮月　熱淚盈眶髮怒衝

憐

憑欄凝視朦朧月　鐵幕呼聲隱約聞　昨夜夢魂歸故國　紅樓傾倒臏斜曛

哀

人生盡是血和淚　笑口難能幾日開　虐殺同胞恣獸性　眼前白骨積成堆

惜

萍踪無計遣愁懷　豪氣青雲俱劫灰　文化幾隨紅燄盡　北風更挾雪寒來

勵

莫把青絲亂作堆　莫將意志弄成灰　興亡起伏尋常事　要在精神不廢頹

迷濛烟雨吼春雷

迷濛烟雨吼春雷　日日陰霾掃不開　錦繡河山灰黯淡　撥雲端賴惠風來

生日感賦

前進難能退不可　索然興味有誰知　半生無一娛心事　且向寒齋讀楚辭

題立法委員苗啓平鄉長暖江垂釣玉照

暖江怪石奔虬龍　不釣虛名避俗蹤　醉臥烟波思往事　挺然獨秀一孤松

題赤壁夜遊圖

赤壁一戰兩篇賦　千古同聲弔阿瞞　烏雀早知棲失所　南飛空剩思漫漫

甲辰元旦讀右老詩奉和一首

遲遲送走兔兒年　雲起龍飛欲曙天　春信傳來人漸瘁　神州不復瓦難全

祇緣一己蹉跎慣　慢責友朋道義蠲　（時中法絕交中日關係處於低潮）

拯救中華惟一策　復興大任共分肩

戊申新正

杜宇枝頭又著春　梅開五福最宜人　彼魔彼鬼逞兇勢　吾土吾民久陸淪

元首神明肩重任　股肱能耐負千鈞　中年當有驚天事　掃穴犁庭壯志申

秋闈望月

太息蜉蝣不百年　百年能見幾回圓　朦朧意覺朦朧境　夢幻人生夢幻天

一抹閒愁浮腦際　九重別緒造峰巔　陰晴離合尋常事　莫悵清光永夜偏

臺灣光復二十周年感賦

剝復貞元幾度過　韶華冉冉莫蹉跎　海隅翹首西南望　祖國同胞血淚多

日月潭教師會館補壁

紅樓一角碧雲間　文士洗心日月環　我是杏壇勞碌者　何緣偷得半天閒

題夕陽雙帆照

古堡流沙照夕陽　詩翁獨立詠蒼茫　雙帆遠影長風去　載得龍蛇渡遠洋

讀桃花扇

傷心最是人心死　賣國勝於失國哀　闖賊稱王吳揖盜　煤山遺恨重奴才
東林復社遭排斥　謀國精忠有幾人　肉食求和民欲戰　石頭城外滿胡塵
國亡滋味我親嚐　百萬王師潰戰場　阮馬權奸今昔恨　侯生空有濟時方
樓台不息管絃聲　扇上桃花淚滿盈　江北已無史閣部　寒梅帶血弔揚城

詩天子于右任先生八七冥誕詩

高山之上望家鄉　不見家鄉枉斷腸　敗葉寒林埋國老　荒原大野企元良
狂歌當哭魂歸未　走筆臨風淚幾行　陟彼七星岡畔路　淒涼杜宇益徬徨

五十三年四月二十一日全國詩社聯合社　集會紀念詩天子
于右老八七冥誕　余以此詩進　得膺首選　獲贈詩伯雅譽　得侍立詩天子左右　奉頒銀龍學
術獎章一座　逸庵謹誌

秋闈呈同仁

棘院蕭蕭雨露深　滿山黃葉楚辭音　感時誰寫秋聲賦　駭俗常爲梁父吟
幸得掄材君子樂　相攜知己伯牙琴　人生聚散尊前酒　秋菊寒梅識我心

海洋學院院歌

大廈巍巍　學子莘莘　展望太平浩蕩春　航運物資　溝通人文　發揚鄭三保與哥侖布之精神
（復歌）　鼓輪破浪　乘風遠征　華夏青年夙夜勤　青年們　笑談間　征服那五大洋　豪氣
凌雲

水產豐富　張網垂綸　加工製造利人群　造船濬河　瓌偉工程　發揚神禹王與公輸班之知能
（復歌）　鼓輪破浪　乘風遠征　華夏青年夙夜勤　青年們　笑談間　征服那五大洋　豪氣
凌雲

勉青年開發海洋歌

海疆萬里　洪濤瀾汗　禹域泱泱率土濱　翁戎寶貝　稀世奇珍　深藏若虛數堪驚
（復歌）　破浪開發　乘風遠征　全賴青年夙夜勤　青年青年　笑談間　履遍五大洲　天涯
比鄰
運輸物資　溝通人文　遠影孤帆壯志伸　晴空無際　戴月披星　波瀾壯闊寄此身
（復歌）　破浪開發　乘風遠征　全賴青年夙夜勤　青年青年　笑談間　履遍五大洲　天涯
比鄰

右二歌收入瀛洲詩選第二集　何武公評曰　君才氣橫溢交遊廣闊　其論詩尤獨具特識　高風跨俗眞骨凌霜　爲余最佩服之一人　瀛洲詩選第一集曾錄其擬曼殊大師本事詩百餘首　哀感頑艷空靈妙曼　且詞句撲朔迷離　內容涵蓄籠統　與曼殊如出一轍　雖隱約間　似有人　似無人　似眞實　似假設　但其情感眞摯　不流於俚俗　既不染輕薄氣息　又不落香奩窠臼　以眞誠動人之筆　寫出無窮艷思　其大著曼殊詩與擬曼殊詩已由臺灣商務印書館出版行世　謝靈運謂天下之才一石　曹子建獨得八斗　以之衡君　何多讓焉　右二歌誦海洋之浩瀚及海洋學院之雄規　勉青年努力開發　其氣軒昂　其語宏偉

國父象贊（敬題於拙著　國父哲學思想論　孫逸仙博士遺像下）

蒼天巍巍　唯聖人能則之　堯舜道統　唯聖人能繼之　湯武革命　唯聖人能承之　中西學術　唯聖人能融之　三民五權　唯聖人能創之　繼絕舉廢　唯聖人能行之　智仁勇誠　唯聖人能具之　疲癃殘疾　唯聖人能愛之　千秋令譽　唯聖人能享之

國父頌（敬題於拙著　國父科學思想論　孫逸仙博士遺像下）

巍巍國父　天縱神明　學融中外　道貫古今　革命勳業　順天應人　肇造民國　備歷艱辛　三民主義　四海遵循　五權憲法　文化結晶　繼絕舉廢　道統相承　鞠躬盡瘁　厥底於成　立言立德　澤被全民　千秋萬世　大地長春

鐵樹開花歌

無枝無幹挺其葉　四向延伸翠摺疊　疑似鳳尾誤鑄鐵　宛若鳥羽堅類石

火焰薰蒸不撓屈　霜鋒侵凌不挫懾　生意盎然永恆曄　骨氣傲霜千秋歷

百歲難能展笑靨　今朝何幸慶良覿　圓蕊馬蹄卷而曲　蠙珠皇冠堪與匹

纖纖春蔥蛇樹格　茸茸駝毛鹿角式　青春長好四閱月　黃綠交融香馥郁

漸蛻漸變巨實結　形如升斗咖啡色　神蛇呵護防蜂蝕　奇珍罕見舉世悅

君不見　遠古初時生建昌　臺員忽復射光芒　天祐吾土禎且祥　地錫吾民壽而康

萬民歡騰兮復故疆

中華民國詩人號召大陸人民起義抗暴（號召起義詩空投大陸）

中原浩劫受熬煎　但唱秧歌不種田　迫我農場集體化　鋤頭指向逆豎前

漢賊從來不兩立　揭竿起義滅紅朝　天聲驚碎妖魔膽　還我自由虎破牢

勉川兒

黃沙莽莽科威特　碧水泱泱印度洋　破浪鼓輪酬宿願　前程錦繡樂康莊

青春壯志氣如虹　四海遨遊萬里鴻　夏至耕耘浹背汗　秋來笑看稻粱豐

勉泉兒

千錘始克成佳構　百忍方能有太和　處事待人憑理智　一生安泰得春多

勉青兒

琴心妙用金湯破　劍膽攻堅石壁開　能受天磨當大任　不遭人妒是庸材

志偉甥學詩

芳心少小本無憂　詠到詩篇強說愁　初習吟哦宜寫實　名山深入自通幽

颱風肆虐

風狂雨驟人倉皇　聲聲凄厲警報揚　民家預防釘窗牖　政府官員指揮忙

電話鈴聲響不斷　準備救濟藥與糧　馬路死寂人烟靜　偶有苦力走慌張

警備救護車待發　四鄰搶救復扶傷　婦女驚魂兒啼哭　東邊拔樹西倒牆

天外隱隱飛何物　屋頂隨風任翱翔　風姐撒野手狠辣　雨兄何必作虎倀

大地雨以風而急　太空風因雨而狂　光明倏忽付流水　黑魔無忌益披猖

四週但聞獅怒吼　九龍惡鬥馬脫繮　地動山搖廈如船　海潮乘勢大掠搶
驀地洪濤浩蕩奔　捲走萬千貧民房　核子爆炸亦爾爾　大戰未發魂先喪
世界末日似已臨　吾心定靜勝平常　倏忽風息雨亦止　處處破殘處處傷
弱妻魂定問鐘點　輕聲低訴夜未央

哭母

鐵幕陰森傳噩耗　高堂白骨早枯寒　靈前泣血長稽首　罪孽深沉不可寬

三十八年南京失陷　急奔申江　葬父別母　經歷人間慘事　曾有痛失京都哭出聲　春申別母去逃生　因知別母成永訣　泣向茫茫萬里程之句　當時叩別慈顏　明知其爲永訣也　又孰忍作如是觀乎　今事實證明　竟眞成永訣矣　慟哉　鐵幕深垂　音信杳然　孺慕之殷　非可言宣　吾母健在否耶　雖夢寐中亦難獲一假定也　四十七年夏鐵幕隙縫　洩露噩耗　吾母早於四十一年正月初十日戌時仙逝矣　卒後六年又六十四日方得設靈祭奠　放聲一哭也　嗚呼　生不能供養　病不能侍藥　死不能親視殯殮　厝不能泣跪臨穴　人子若斯　罪豈可逭　他日何顏見雙親於九泉哉　當時泣撰　先妣事略一文　發表於報章　復與前撰先嚴叔能公行狀一文　同輯入淮安采風錄　留爲永遠紀念　逸庵泣誌

先妣八五冥誕海涯哭祭以詩

老去懷親情益切　眼前時現白頭人　如今兒髮斑斑白　猶是萍漂萬里身
馨香一杜意虔誠　生未承歡死獻醒　風送芭蕉芒種雨　是誰喚母哭啼聲

夢裡乾坤是故鄉　東城菊徑就荒涼　親恩未報親情永　海外無由謁墓堂
一別春暉失所依　人間天上兩歔欷　瓶罍抱恨心銜恤　吟罷蓼莪涕淚揮

弔洪蘭友姻長

相材爲國不能用　賚志西遊目半開　欲問蒼天哽無語　梅花嶺上孤魂回

弔張振生省議員

憶昔金陵得識君　英華煥發出人群　拋頭抗日多豪氣　矢志民權夙夜勤
孔孟修身存學養　墨耶救世見耕耘　臺員遺愛應長在　寄托哀思萬里雲

卅年未面之同窗楊壽榕兄邀請莊鴻安凌集權二兄小飲於臺北峨嵋餐廳

邗江漫汗繫人思　骨肉親朋痛亂離　卅載情誼難覿面　少年豪氣化遊絲
閒談往轍成灰燼　細數同窗半老羸　莫問歸期將進酒　天涯尚有四相知

宇內幸存一部法

宇內幸存一部法　天良尚有幾顆心　公忠克盡議員職　直道方能荷大任

月夜久坐

露浥輕塵塵不起　竹搖倩影影浮空　流星苦逐中庭月　布穀頻催半夜鐘
嵐氣層層埋冷翠　花香嬝嬝誘吟蟲　世人大夢何時覺　有賴先機化育功

海印禪寺題壁

山深宜學佛　寺靜好吟詩　辭俗此間寄　乾坤歲月遲

贈海印禪寺住持本際大師（大師爲曼殊高足年齡八十有五矣）

海天分際無分際　人佛距離近距離　定靜乃能安慮得　高齡內體活牟尼

胸中無有殺人刀

薄酒微醺意自豪　胸中無有殺人刀　任他謀用紛紛作　欺我其方笑爾曹

一樹桃花夾竹紅

小園三月綠陰濃　一樹桃花夾竹紅　乳鴨也知春水暖　爭先游泳赴江中

感慨多端話日韓

展翼沖霄白鶴翔　且看曉色映扶桑　繁華耀眼黃金夢　忘卻當年是戰場——忘卻當年是戰場

無仁無義復何言　唯利是圖智已昏　雙手外交靈活用　妄求左右得逢源——妄求左右得逢源

縱橫捭闔等無雙　與虎謀皮背友邦　緣斷瀛洲情未了　恩仇莫辨恨難忘——緣斷瀛洲情未了

回想初戀妙齡女　夢境依稀碧海烟　弦斷焦桐期待續　若非華夏不珠聯——若非華夏不珠聯

雨霽長虹七色浮　晚霞愁照楓林秋　人間究有多少恨　富士竟爲白了頭——富士竟爲白了頭

濱名湖畔玉壺清　星斗無輝徹夜明　風冷波平烟淡淡　長堤半翠瘦影輕——長堤半翠瘦影輕

一戰振興民族魂　辛勤重建廢墟垣　同仇赤焰枕戈日　北漢山雄勢欲吞——一戰振興民族魂

秋江秋月啓秋心　嵐氣蕭森敗葉林　曠達空茫人獨立　那堪更聽淒其音——秋江秋月啓秋心

板門店裡客心寒　永不歸橋絕兩韓　奴役自由分水嶺　戰停無計息兵端——永不歸橋絕兩韓

註　感慨多端話日韓一文　發表於自由青年　五〇卷五、六兩期　茲錄其中九首七絕詩如右　九首

各爲文章子題　其中大都由梁羅兩畫師繪畫　公開展覽

壽考試院賈院長景德先生八十

入道忘貧是吾師　大夫豈爲窮通移　耄期雖有痌瘝抱　翻笑太公垂釣絲

壽最高法院謝院長瀛洲七十暨與德配高夫人結褵五十周年

淤泥不染並頭蓮　儉德持躬膠漆堅　五美俱兮徵五福　三多祝壽更三千
法曹仰止韓非學　教界崇尊宰我賢　七十於今初開始　百齡邁步造峰巔

壽沈秘書階升七十雙壽

久詠堂風敦氣節　行誼儒宗明明德　丁年失怙雁行折　家道中替賴典質
萱堂劬勞菜根齧　名師循循善啓迪　碩人賢惠嫺內則　蘭桂騰芳才卓絕
文化教育嘗致力　啓聾振聵如椽筆　名公帷幕曾身廁　獻可替否斟損益
譽重時賢風流極　論功受勳豈偶得　草勁不怕風來疾　世亂忠奸方辨識
知之既不値訢訢　不知亦不値抑抑　學人爭道今夔契　小隱市廛嚴冬踏梅雪

任教授卓宣七十雙慶自由中國七十文教團體聯合祝嘏囑為詩以頌之

咸言七十於今始　爭道先生品格高　主義宏揚臻美善　政評褒貶重分毫
群倫封祝南山壽　著作等身百世豪　濁浪滔滔唯物論　人間有賴挽狂濤

壽詩天子于右任先生八五華誕

右文心積和平氣　任俠手成造化功　長劍悲歌辭故里　短衣散髮拜元戎

雞鳴靖國催天曙　烏宿柏台進大同　舉世壽人兼壽國　千秋華夏仰高風

壽山本顧問七十

為愛中華萬里行　獻身文教德常馨　千株桃李春常住　七十高齡髮尚青

海事專科學校承美援會之助　聘日人山本氏為顧問　半年時間　獻替良多　歸國前夕　值古稀之慶　各方致贈賀禮　琳瑯滿目　美不勝收　氏先托人致意於予　希能壽以詩　留為紀念　祝壽會山本從陳列禮品中取此詩示客曰　各種禮品　彌足珍貴　惟一安教授詩　予偏愛之　歸國後將懸諸壁間　並傳之子孫　可見其癖好中國詩文之深也　逸庵補誌

壽方將軍定凡六十

恂恂儒將耀三軍　吳起兵機見魏文　百戰功高歸去日　退思園裡以詩聞

壽林陳美瑞女史五十雙慶

九月黃花綻露叢　花肥菊瘦與人同　南窗寄傲省容膝　猶有陶潛翟氏風

壽雷為霖教授六十（步原玉）

欣逢周甲攬揆日　捧讀詩章百幾回　學極誠明青嶂疊　才全經緯玉峰堆
看他桃李千株樹　是我雷公一手栽　莫道不堪垂老至　人生七十方始開

壽孫文政大夫六十

大地悠悠天昊昊　長白山高雪皓皓　黑龍水勢遠灝灝　鍾其靈秀生大老
弱冠有心讀本草　鶴髮猶存痌瘝抱　採藥歸來東方曉　版圖色變心悼恅

手提藥囊走寶島　懸壺益世病魔掃　驢背敲詩春寒峭　板橋流水風光好
世俗磽薄存古道　天公錫予壽而考

壽韓朗齋教授六十

合一天人日日新　虛懷若谷易相親　添毫法古胸羅斗　落紙宗王筆有神
雖好言仁憐木訥　祇緣樂道始安貧　斯文面壁禪終悟　秋月冰壺泗水濱

壽李主筆嘉德五十（步原玉）

難全忠孝慰慈闈　舊日江山舉目非　海外浮桴長夏近　天涯羈旅壯懷違
諗知赤焰驚魂魄　未卜蒼生是瘦肥　自壽吟哦勤翰墨　文壇載譽踏花歸
鹿車載酒爲君溫　醉臥梅花五福門　江右才名雷貫耳　海隅遊跡齒留痕
讀書破萬神隨筆　化育盈千李滿園　雕琢推敲音律細　詩皮詩骨總堪論

壽國民大會同仁李代表友漁七十

畢生爲國非爲己　絕食求仁敵膽驚　矢志中興持正義　鞠躬盡瘁見忠貞
紅塵歷劫三千里　白駒匆忙七十程　愛晚亭堦吟壽句　焦山碑石記英名

壽數學教授徐少英女史六十

爲問蒼天壽幾何　蒼天賜爾有三多　人生七十初開始　花甲平方萬物和

壽何教授九淵五十

學易知非後　日中景物妍　微言承一脈　墜緒續千年　天地風雲起

虎龍氣慨然　反攻鳴號角　隴上不容眠

壽羅總經理志道五十

宅心惇厚利而福　由義居仁壽且康　天若有知天亦笑　暖江橋下水流長

壽晁教授介嶺六十

介嶺生來膽氣豪　胸中無有殺人刀　文章本屬名山業　信手拈來味似醪

壽高林青先生七十

誰言七十古今少　我敬先生德業隆　幽竹修長清且瘦　奇蘭馥郁久彌濃

道生本立知天命　教子名成振翮翀　養氣乃能存正氣　執中方得進時中

壽傅啓學教授七十（鳳頂格）

傅公七十壽而康　啓迪青年有義方　學貫古今流教澤　道融中外化生光

德行復聖千秋仰　文藻昌黎八代揚　章榦未能爲國重　高唐處士自孤芳

壽嚴鳳和親翁七十

恬淡清虛有道風　絕塵飄逸似仙翁　洗心藏密歸根底　守一含和定靜功

壽易副教授蘇民四十

人一能之己百之　英髦秀達晚春時　精研哲理兼文史　大學於今有導師

壽黃教授紀法六十

運筆千鈞重　詞章一代奇　人文通哲理　壽域卜期頤　伉儷情彌篤

芝蘭氣得宜　海濱高隱者　心繫萬年思

壽柏森大哥五十雙慶

百里途程方半之　從今學易未爲遲　年齊彭祖千秋壽　業步韓非後世師
松菊就荒三徑草　茱萸徧插重陽旗　鹿車滿載黃花酒　海外稱觴唐韻簃

柏森大哥現任國民大會代表　兼國立政治大學教授并執律師業務　著有法院組織法及在莒吟草二書　唐人手寫本唐韻殘卷由其珍藏　先德伯斧公曾顏其北京居所曰唐韻簃　由羅振玉姻長篆額現懸諸臺北寓邸　余曾據唐韻殘卷編著蔣本唐韻刊謬補闕一書　都七十萬言　由廣文書局印行榮獲嘉新水泥文化學術奬金　壬子初夏逸庵補誌

壽光亞二哥五十雙慶

荷花杯正好　把酒祝長庚　大衍知天命　九皋有鶴鳴　期頤方及半
事業已垂成　借問誰相似　申韓與老彭

先君子自怡公嗜古成癖　庋藏豐富　均歷代名家珍品　按季節與慶典更易壁上書畫　每值梅熟竹涼　即懸出劉墉石庵書荷花杯正好把酒祝長庚巨幅中堂　國變家亡　人物全非　忽忽四十年矣而記憶猶新也　十二年前光亞二哥晉登大衍　予曾就陳句續成五律　既祝其壽　亦兼留故園之思也　二哥研法　又擅文藝　歷長法院多年　近執行律務并任教中興大學　著有歷劫鴻泥　絢麗的世界二書行世　壬子初夏逸庵補誌

壽春深三哥五十雙慶

良辰春正好　令旦日方中　壽嶽看衡泰　遐齡仰鶴松　但知求立達
從不較窮通　淡泊而寧靜　雲來振翮翀

春深三哥研習商學　歷任大學會計主任及淮安縣黨部書記長主任委員多年　秉性敦厚　淡名輕利　浮海來臺　隱身教育　矢志於百年樹人大業　雖居市廛　不與俗流　頗受時重　誠不可多得之君子人也　此詩懸諸壁間瞬經十載　年初歡度六十雙慶　希我再壽以詩　祇以時正召開國民大會　無暇握管爲憾耳　逸庵附誌時壬子初夏於暖江冷翠軒

暖江冷翠軒主人五十自壽

學易之年底事求　安貧樂道是良謀　成仙成佛非忺願　立德立言未肯休
蒿目幾無寸土淨　撫胸常爲兆民憂　尊前告慰諸親友　赤子冰心尚保留
去國憂思十五春　管城吐瀉濟時情　鈍根輒恨詩才短　靈感堪追驥足行
箕帚賢良無後顧　虎龍聰慧有前程　修齊意在承平治　爭奈蓬車當路橫
抱負痌瘝難落落　憂懷國是更忡忡　徬徨抑鬱喪家犬　艱苦辛勤釀蜜蜂
四壁悄然仍自得　一生不苟與人同　慚無實學匡時局　幸有清明守在躬
不豪於飲不雄食　權誦詩文壯轆腸　太白京華冠蓋損　少陵巴蜀鬢絲霜
毋隨世俗餔糟粕　要與前賢論短長（于右老讀至此聯連聲呼曰好詩好詩我願爲汝書寫之當即揮毫狂草一付龍飛鳳舞奔雷墜石眞神來之筆另又賜贈對聯爲壽曰虎虎有生氣人人壽百年今藏唐韻簃）
策馬執鞭違吾願　達生知命棄懷黃

粉筆生涯嚼菜根　酸甜相間味津津　毋求毋取斯爲貴　有愛有嗔乃至仁
是是非非非是是　眞眞假假假眞眞（右老評曰用字險琢句精）
爲明天理格人欲　贏得狂名五十春

壽坤元賢内五秩初度兼頌結褵三十週年

仿佛新婚猶昨夕　玉階明月共徘徊　卅年烽火家何在　兩命依存髮漸灰
況是兒多瓶易罄　可憐粟匱甕常哀　春光已逐韶陰逝　復卦應追剝卦來
相攜跋涉路三千　浪跡臺員又一年　西席竟無容膝宅　東皋空有責租田
陶潛不善治生產　翟氏安然比並肩　我欲偕卿歸隱去　囊羞愧乏買山錢
不爲一己總爲他　兼顧公私校亦家　學界咸稱冰淨潔　雨都雅譽璧無瑕
勤耕誓志千秋業　厚德長餘五福遐　白鹿車添紅露酒　卿卿頰上看流霞
卿爲行政我爲學　相約清明共葆貞　幽菊傲霜存骨氣　寒梅立雪益精神
孟梁几案弦歌樂　洙泗源流桃李春　背負人生沈重擔　艱辛履盡百年程

逸庵先生五十壽辰謹次　大作自壽詩韻奉祝錄乞教正　武公何揚烈

閒從三徑訪羊求　高躅羞同肉食謀　勝景當前常互賞　豪情所至幾曾休
中原灌莽驚塵劫　小雅繁霜動癙憂　並世詞壇數名宿　泥鴻印爪爲君留
漫道羊裘釣富春　艱難時事劇關情　相看節物花前美　重振騷音澤畔行（逸庵主張詩學革命頗有見地與成效）

童冠風雩曾浴點　生徒雪立並師程　清宵坐對諸緣寂　一畝烟畬冷翠橫
蓬旌芥拾增惆悵　螽趯蟲喓感惙忡　漢殿仗開班序鷺　楚宮腰細狀疑蜂（逸庵有素約腰身楊柳纖腰肢蛇樣最玲瓏句）
牙籤架上千篇富　皀帽遼東一例同　涼燠得宜餐衛適　庥祥綿遠集其躬
本事詩成逾百首　疑雲疑雨百回腸（擬曼殊本事詩含蓄籠統彷彿迷離若眞若假疑雨疑雲哀感頑艷淒楚悱惻讀之令人意逐神飛誠不可多得之佳構于右老評曰此必傳之作也余爲之評並收入瀛洲詩選現由臺灣商務印書館出版行世）　斗樞徹夜光飛練　風杵逢秋意怯霜　峽夢醒來神惋惘（記夢詩艷麗有過神女賦）　吳歈譜罷意深長　載賡卷耳懷人什　陟彼崔嵬我馬黃
欲向人生溯夙根　每從哲學問迷津（逸庵研究哲學著述宏富現任人生哲學研究會基隆支會理事長）
稱觴誼重親朋洽　學易心知造物仁　一室唱隨宏教範　五旬頤養樂天眞　調箏人去花無語
妙筆描成旖旎春

逸庵教授暨　德配坤元校長五秩華誕兼結褵三十周年祝詞謹次韻奉和乞正　武公何揚烈

秋色宜人秋景麗　松筠長健菊徘徊（群芳譜徘徊菊旬日始開作團圓形）
夙聞仙籍鐫雲笈　忍向胡僧問劫灰　昭代菁莪承樂育　中年絲竹感豪哀
佇瞻奏凱收京日　挽鹿相偕歸去來
文苑名高員半千　懸弓絳帳幾何年　玉虬催漏窺經笥　冰繭吟香拓硯田
海國涼秋容露肘　騷壇暇日許隨肩　暖江冷翠供游賞　風月當前不論錢

攻錯何須石借他　涵濡教澤遍千家　樓船樹績看橫海　韜略攻心貴蹈瑕
服艾燃藜年並富　聯珠唱玉語尤遐　待將鈿笛描秋思　旭影晨連遠近霞
伉儷如君今罕見　花稱並蒂木稱貞　儒林望重毋隨俗　本事詩成妙入神
靈感尋求新境界　眞情流露舊陽春　回思三十年間事　鵷翼雙翔萬里程

奉和一安教授五十自壽　林青武葆岑

大願茫茫莫可求　客途且作稻粱謀　人情翻覆渾難測　世路崎嶇豈得休
無計能紓天下難　有心徒爲衆生憂　欣看伯玉知非日　清譽依然到處留
閒栽桃李自爭春　作育聊存濟世情　浮海雖云身似寄　傳薪終見道能行
隨時亦可隆名業　長路何須問里程　指日旌旗看北伐　不教狐鼠再縱橫
世運難期一旦通　憂心日日太忡忡　跳梁小丑終如鼠　禍國群姦竟似蜂
苦見災民今莫告　雄看志士古來同　當前雅望如君少　誰把清明勵我躬
相看大衍正康強　國難家愁總斷腸　明禮知君心似雪　憂時使我鬢如霜
人生哲理堪專美　主義宏揚有特長　尤幸豚兒承善教　得從絳帳誦丹黃
賤息深慚有鈍根　席前多賴指迷津　職持公道原爲義　事利他人總是仁
擇業崇高彌可貴　宅心平正足全眞　待看葆養無邊福　長似蓬萊四季春

次　蔣公一安五十自壽原玉奉祝　貢　懋　濤

伯玉知非福自求　慶登大衍若同謀　立言立德欽宏抱　壽世壽人莫止休

天下興亡匹夫責　中原板蕩全民憂　而今海屋添籌日　嵩祝華封永載留
羈旅他鄉幾度春　詩篇工雅佩文情　伏龍夙具雲霄志　野鶴難隨鸛雀行
饋主賢良引螘慕　嗣君騰達展鵬程　磐材王佐匡天下　佇看大同萬里橫
故國淪亡悲切切　不堪回首憂忡忡　奴營男女胥牛馬　寶島田園舞蝶蜂
思想鬥爭逞獸性　自由陣線任人同　毋忘在莒殲強暴　輔弼田單賴厥躬
日惟傳道授仁忙　夜夢鄉關割斷腸　輒羨才華時代傑　常慚虛度鬢絲霜
天涯落托毋隨俗　海角棲遲苦日長　豁達知天人共仰　此生自謂是羲黃
幾許高明啃菜根　豪華風氣入迷津　臨財毋苟殊難得　見義勇爲乃是仁
知恥尚廉敦品德　存誠去僞樂天眞　急公喚起蠲私欲　扭轉乾坤萬象春

步一安先生五十自壽詩韻以祝　**李子久**

暖江冷翠詠瓊章　蕩氣兼能百轉腸　大衍吟詩憂百世　小園種菊傲嚴霜
繁花素月心沉醉　夜雨孤燈夢短長　何日王師歌北定　凱旋高唱奠花黃
辦稅焉能淨六根　日同商賈論津津　少徵點滴仍爲錯　多算錙銖是不仁
好貨名常累我苦　育材心卻羨君眞　惟期百歲能如愿　各再平分一半春

愚夫婦知命之年詩友和贈佳章感奮之餘爰再賦五韻以誌謝忱

人道七旬方是始　我今學易未成年　汗牛古籍曾翻徧　充棟新書待鑽研
亂世爲文値幾許　儒生報國只埃涓　譾知倚馬無佳構　安忍手民不夜眠

義憤塡膺多少事　一時湧向筆尖來　平庸食盡胙間肉　幹練化爲劫後灰
翻手作雲覆手雨　笑人無用忌人材　男兒應效長沙哭　不幸漢文喚不回
室有香書心有丹　垂髫坐透北窗寒　海濤驚動雄獅夢　火燄燒焦上國安
忍教蒼黎公社化　爭將碧血潤喉乾　一枝禿筆走天下　寫盡人間苦與酸
萬綠叢中小瓦房　詩翁日夕搜詩腸　含羞玫靨嬌柔態　曳地榴裙展艷裳
繞宅暖流鳴晝夜　當窗冷翠獻青蒼　山妻領會人生意　內外頻年服務忙
莫把青絲亂作堆　不容意志弄成灰　中原板蕩人群劫　文化摧殘歷史哀
接輿佯狂諷世俗　安仁守拙濟時材　虛聲盜得慚無用　多謝良朋賜碧瑰

有慰

城門咫尺是天涯　欲表同情望眼賒　自古隋珠尙有纇　如今漢玉幸無瑕
世常慨嘆鴉棲鳳　我更興憐雨打花　寄語彼姝收瀉淚　人生幾事不悲嗟

聞鶯

空虛寂寞此低徊　電話機旁愛未灰　婉囀鶯聲傳一線　愁雲悶鬱爲君開

淡水留芳跡

淡水留芳跡　傷心憶舊遊　依稀緋色夢　猶自暗中求

化作亂雲橫

付出多少愛　收回有限情　欲將思遠淚　化作亂雲橫

情感應仍多

函電無消息　玉容近如何　芳心不用問　情感應仍多

蟬鬢蕭蕭者

蟬鬢蕭蕭者　兩兩赴鵲橋　鵲橋一何遠　三千路迢迢　路迢情熱切
相聚在一朝　珍珠斷線落　月明花弄嬌

哀樂殘存記憶中

莫道人生似夢幻　溫馨錦繡竟成空　笑容綺旎俱消逝　哀樂殘存記憶中

梨山苦坐待春曉

梨山苦坐待春曉　不見芳踪可奈何　願化雙星望七夕　一年尚得渡銀河

寄小娣

昨宵花后經微雨　渾似朝陽淺淡紅　軟綠新芽情不勝　暖香醉艷奪天工

舊夢頻頻似數珍

舊夢頻頻似數珍　臨歧分手悵前塵　依稀倩影依稀事　越到年深恨越新
舊夢頻頻似數珍　奇情杳杳竟成春　青谿阻隔花源路　紅日西沉愛莫伸
舊夢頻頻似數珍　相偎相倚就朱唇　名潭猶照三秋月　海角紅樓夜向晨
舊夢頻頻似數珍　迷離往轍意中存　殘燈掩盡簷前月　偷向枕邊拭淚痕

苦待君來君不來（轆轤體）

苦待君來君不來　一年容易又春回　世間惟有情難掃　心底猶存怨作堆
花事匆匆鳩雨誤　人生忽忽駟光催　自憐體重時輕減　悶鬱愁雲幾日開
熱情冷卻漸成灰　苦待君來君不來　含露芰荷珠欲墜　向陽葵藿手親栽
相期伺月西廂去　底事徵歌北里偎　閨閤閒愁爭啓齒　離人心理莫相猜
西陸涼飈葉亂堆　空堦寂寞久低徊　欲將情斷情難斷　苦待君來君不來
唧唧蟲聲鳴永夜　蕭蕭蟬鬢記餘哀　芙蓉慘淡無顏色　懶上塵封玉鏡台
孤芳碎玉瘦於梅　淚盡千山候鳥哀　乍聽琴音知曲誤　頻窺戶限盼書回
怕看月缺月偏缺　苦待君來君不來　昨夜尼龍裙帶解　被翻紅浪夢陽台
臘鼓頻頻四序催　一天愁緒鬱難開　星移物換人何往　絮果蘭因意費猜
惟恐舊情隨水逝　冀將新句逐郵回　神經衰弱眠難穩　苦待君來君不來

曼殊詩與擬曼殊詩合輯付梓大畫師錢濟鄂氏繪贈蘭竹刊於書耑因題一絕

六根初潔淨　九畹溢芬芳　造化偏戲弄　冥頑亦斷腸

品院兄繪贈青菜香菇

臀肥蹄瘦千金價　野饌田蔬半兩錢　樂道書生明淡泊　拋詩坐對雨中鮮
鄉居之樂樂如何　雪菌霜菘雋味多　教授嗜痂成怪癖　畫師有興贈盤饈

慰姮娥

玉兔臨空怯廣寒　階除獨立影形單　姮娥莫怨常孤寂　來歲飛船寄札函

附記

此詩作於五年前　翌年一九六九年六月美國太陽神十一號太空船完成登陸月球壯舉　人類歷史上第一個登月球者阿姆斯壯　攜帶幾個自由國家元首函件　步下太空船踏上月球說　在我來說　這是一小步　但在人類則是一大步　總統有函托阿姆斯壯攜往　函云　茲於太空人首次登陸月球之日　謹申吾人誠摯之願望　從此以循世界大同之旨　共登宇宙太平之域　中華民國總統蔣中正

寂寞姮娥　應有慰矣　逸庵補誌壬子六月於暖江冷翠軒

題日月潭晨曦照

山川靜寂雲烟裡　日月蒼茫曉霧中　夢幻詩情夢幻美　自然旋律自然終

敬題光亞二兄著歷劫鴻泥二十韻

中華屹立五千載　正義凜然大漢魂　彈雨鎗林頻浴血　親民崇法赤心存(聖戰降臨入蜀受訓)
愛國情殷戰地馳　堅貞古柏歲寒時　出生入死尋常事　甘苦辛酸不語誰(執法戰區出生入死)
初試法衣不染塵　孜孜求證使冤伸　良知拂拭懸秦鏡　守得廉能是守眞(初試法衣爲民雪冤)
軋軋機聲欲奪魂　攜妻挈子倚頹垣　無情鐵彈紛紛下　骨肉橫飛血淚翻(服官浙贛歷險如夷)
竹影搖窗落月痕　響鈴肥嫩佐金樽　窮途亦有娛心事　篁碧村中食土豚(篁碧寄跡窮途樂事)
華夏溪山浸野狐　青衫涕淚泣窮途　今朝東贛明東廣　一幅難官流徙圖(流徙贛粵淚濕青衫)
驟雨狂飈霽景初　春回大地慶安舒　誰知北極風雷起　赤燄又燒萬里閭(大地春回赤燄遍野)
懲奸罰罪殺元凶　禍國豈容有善終　執法如山施鐵腕　浩然正氣養心胸(浩然正氣元凶伏法)

顛沛浪跡莫心寒　赤焰燎原國不安　殺伐連年行暴政　鬥爭清算酷而殘（崇法親民綏靖淮陰）

忠孝傳家義薄天　周公一脈子孫賢　東城菊瘦南山隱　半畝園中晚節堅（先嚴棄養獲頒榮典）

官捐豈忍法衣捐　且把紫邊換白邊　維護人權天職在　精湛學理總堪傳（捐官執業維護人權）

愛心一片化慈悲　服務人群欲有爲　哲理闡揚能濟世　美華協進合時宜（主持人哲董理華美）

佈道人寰遊列國　扶輪理念益群倫　放踵摩頂非爲己　我愛我兄肯愛人（服務扶輪寰宇佈道）

風流儒雅世崇欽　讜論堪爲座右箴　芹獻中樞殷採納　閑身猶抱濟時心（芹獻中樞心存濟時）

說法諄諄石點頭　中興大業獻良謀　講堂報紙耕耘久　桃李春風被九州（說法授法春風廣被）

邗水仍如昔日流　冤魂泣對勺湖秋　反攻底定江淮日　洗卻殷紅血海仇（反攻勝利洗卻血仇）

自怡軒裡同嬉戲　鬚鬢如今已是絲　昨夜夢魂歸故土　小樓傾倒子無遺（怡園景物恍如隔世）

六十年來家國恨　神州兩度陸沉淪　葵心日夜朝庭繫　待看京華萬象春（六十初度萬象長春）

築得廉廬在四維　孟梁几案慶齊眉　掌珠庭玉承歡樂　嘉德堂中盛德垂（廉廬養性嘉德盛垂）

松年鶴壽竹林賢　超逸塵寰一謫仙　我自清狂兄雅度　天君清泰共陶然（松年鶴壽超逸塵寰）

民國六十年感賦

自由平等是潮流　湧向中華撼九州　革命推翻古帝制　共和鞏固舊金甌

內憂逆豎頻仍起　外患仁人敵愾仇　一擲頭顱山嶽重　民權鬥士汗青留

研通哲理療心疾

灑脫超然塵俗外　清虛寧靜月華明　研通哲理療心疾　種得芭蕉聽雨聲

掃葉歸來煮活魚

嶽色河聲修竹影　月明人靜夜光舒　芒鞋藜杖松間路　掃葉歸來煮活魚

偶感

夢覺禪機悟　事繁運思稀　終年研故紙　竟夕愛斜暉　微命慶安托
蒸民有所依　同懷鴻鵠志　并展彩雲翬

名花生日在今朝

名花生日在今朝　多謝東君雨露調　捨卻胭脂偏愛粉　春寒冷豔雪偏嬌（山茶）
名花生日在今朝　銀簇雪堆破寂寥　善睞明眸能解語　懶梳翠鬢最嬌嬈（銀杏）
名花生日在今朝　醉臉紅勻沒骨嬌　宿酒難醒昏欲睡　曚曨疑是霧卷綃（海棠）
名花生日在今朝　膩體酡顏國色昭　妝鏡臺前人鬥艷　沈香亭北笑聲飄（牡丹）
名花生日在今朝　淺白深紅競秀嬈　幽恨綿綿舞袖亂　春心破碎楚宮遙（虞美人）

金門行（十二韻）

遠處青山是我家　血腥爭鬥亂於麻　元戎朝下動員令　暮看紅旗逐日斜
古寧波浪嗚咽泣　此地曾殲十萬軍　群丑聞風猶戰慄　神威遠播靖妖氛
砲聲震耳迫天昏　驚動毛酋欲斷魂　三面紅旗一面倒　金戈鐵馬復中原
山山水水又山山　赤燄燎原人未還　自古縱多禍國賊　眞教髮指淚痕斑
地上公園地下壘　萬人血汗萬年基　擎天廳象擎天柱　太武山高太武巇

海上雄風吹向西　艨艟巨艦望中迷　何時元首傳金鐸　大地聲驚動鼓鼙
馬山咫尺是天涯　望遠鏡中見血花　作戰攻心乃爲上　仁聲正義懾奸邪
水碧山青染血紅　砲聲隔岸正隆隆　今宵坐對滿潮月　熱淚盈眶髮怒衝
彼方龜縮我鷹揚　壘固兵強敵膽喪　大纛龍鱗風習習　砲聲催動馬蹄忙
大海茫茫撼一磯　群生瘦損群魔肥　王師秣馬揮戈日　階下囚徒怯虎威
憑欄凝視朦朧月　鐵幕呼聲隱約聞　昨夜夢魂歸故國　紅樓傾倒寂無人
砲聲斷續啓詩魂　烽火彌天酒滿樽　一旦反攻鳴號角　從軍隨衆赴金門

本詩應金門防衛司令部之請而作　現已輯入金門文獻　逸庵誌

第一屆國民代表大會第五次會議紀盛

華夏巍峨

富麗巍峨拔地起　中華建築有雄姿　岳陽樓上多奇氣　文化堂前啓哲思
後樂先憂胸臆闊　有他無我聖賢辭　揚眉撫劍一杯酒　懷遠能興王粲悲

老成謀國

仲春二月中山樓　美盡東南碩彥遒　寰宇風濤驚世局　議壇讜論復神州
任勞任怨全心志　不忮不求共患憂　爲濟民生籌善策　老成謀國獻新猷

法統維持

痛失河山存法統　海隅會議見忠勤　鐵肩道義擔艱鉅　赤膽良知報選民

一德一心修條款　安邦安國利人群　舉賢更且薦能者　使命完成志亦伸

賢能蟬聯

榮膺鼎命五珠聯　法治光輝耀眼前　億兆斯民罹暴政　一人有道可回天
毋忘在莒千心惕　處變不驚衆意傳　聖訓昌言安宇內　禮賢夢斷傳巖巔

授權授任

愷悌慈祥日月光　冥頑終必及時亡　彼魔彼丑強弩末　吾土吾民敵愾揚
處變處常行正道　授權授任建新邦　蟬聯大典誠隆重　禮樂莊嚴文化堂

代表心聲

堂裡溫馨堂外寒　幾人知曉我心丹　同胞嗟遘紅羊劫　議士焉貪綠酒歡
玉樹繁花高品格　心湖止水靜波瀾　自強莊敬求諸己　飛短流長一笑看

公祭國殤

代表全民祭國殤　三軍儀仗舉銀槍　爐烟繚繞情千縷　鐘鼓低沉淚兩行
生命價高寧拋擲　老兵不死閱興亡　河山終古長青翠　忠烈靈光姓氏香

護憲還都

領袖群倫有聖明　集思廣益賴耆英　天留基地殲宵小　運啓中興仗老成
夜雨聞鵑懷故里　海濤助陣送神兵　護持憲法隨軍去　勝利還都樂太平

榮獲美國聯合大學榮譽文學博士自我檢討

六九於今老已至　孜孜向學竟忘年　登壇弗說違心論　裁紙常書益世篇
詩化人生眞善美　儒行意願德功言　犧牲奉獻崇明德　博士榮銜海外傳
老樹逢春又發芽　枝繁葉茂向陽花　鳶飛魚躍源頭水　鳳翥龍翔氣自華
曲士純眞可語道　流人抱恨賦懷沙　心靈空洞常饑餓　安得詩書一百車

附錄：
美國聯合大學頒授榮譽文學博士頌辭英文原本及中文譯本

August 5, 1982.

Professor I-An Chiang
37 Shin Tun Street,Lane 20, 2nd fl.
Taipei, Taiwan Rep. of China.

Subject: Honorary Doctorate in Literature.

Dear Professor Chiang:

It is indeed a great pleasure to inform you that the Board of Regents in the regular Summer meeting unanimously approved a resolution offerred by the Chancellor's office to honor you with the Honorary Doctorate in Literature after hearing a report on your achievement in the study of poems in the Tang Dynasty in China. Let me personally add that it was the feeling of the Board to offer to award you Poet Laureate if it were the power of the Regents to do so, unfortunately such power was not in our charter and we would recommend to the appropriate office to do such act in due time. During the entire history of the last eleven years of the University, no poet nor literary talent has ever been so recognised, you are the only one to receive such an honor. It is a rare gift of talent in addition to the personal character as well as his wits that created the environment for a literary achiever such as yourself. The Chancellor made a detailed report on his knowledge of you as a scholar and a true gentleman. Sir, we are honored to have a man of all seasons such as you to be among our ranks.

The award will be for the Fall though it was to be granted last academic year (purely an internal administrative matter). If you accept our invitation, please direct a note to the Chancellor's Office in San Francisco, He will make the necessary arrangements. Since the United University is a non-traditional University under the special State Charter, we normally do not hold formal ceremony for this type of activity, but we would have a party fitting to the accassion, or, you may prefer to have the party help in Taiwan as you entire family may attend. We trust the Chancellor will work with you in this matter. Certificate will by way of the nearest American Consulate.

Cordially yours,

President of Regent

NA:e
cc:Chancellor

敬愛的蔣教授：

本校校董會根據校長推薦，曾在其夏季常會中對台端就中國唐韻與唐詩之造詣，舉行聽證討論會，並在討論之後，一致決議頒授台端榮譽文學博士學位。在此本人願補充說明的事，本校董會誠望頒授詩詞造詣獎，遺憾的校董會規定中並無此項權限，因此本校願在將來適宜時間推薦適當機構以頒授桂冠詩人榮銜。

本校在過去十一年內，從來沒有一位詩人或文學家曾經被評選爲此項榮銜。因此台端確係唯一獲得此項榮耀者。如此傑出之成就要歸諸於台端不凡之天賦，個人之涵養以及個人優異之稟賦與智慧。校長曾經在推薦報告中詳盡描述台端確是飽學之士及高風亮節之君子。本校同仁確實以台端之成就爲榮。

本榮譽博士學位在秋季頒授。該學位是上學年度中應頒授的。這完全是基於本校內部行政作業之考慮。

倘使有幸蒙台端大駕光臨，請直接與舊金山校長辦公室聯絡，校長會親自安排。倘使台端樂意，本校可以安排該機構在台灣頒授，如此台端闔府及親友均可觀禮。校長本人會親自處理此事。學位證書則由離台端最近之美國領事館奉達。

校董會董事長（簽名）謹啓

副本抄送校長

一九八二年八月五日

仁壽生日會（有序）

夫宇宙之動機爲仁　天地之大德曰生　生生不息之謂易　人者　鍾天地之靈秀而生者也　是以富感性　亦富理性　人蘊愛心　亦富良心　同仁等有愛心以濟世　基理性而結合　爰組織仁壽生日會　每於生日集會一次　拈花微笑　把酒言歡　或奕或歌　亦詩亦文　爲國家民族壽　兼爲同仁自壽也

宇宙彌綸是一仁　仁能博愛見情眞
人間難得存知己　把酒言歡祝壽辰

仁壽生日會會長九十生辰　懇胡克敏畫師繪富貴榮華圖　壽之以詩

富甲人間玉滿堂　貴爲國色洛陽芳　榮尊極品霞千丈　華冑靈光吳苑香

閨友族群集團結婚　合繪富貴白頭圖互賀　懇代題詠

富甲人間玉滿堂　貴爲國色洛陽芳　白紗紫絹紅菱艷　頭飾玲瓏吳苑香

壽中國民意測驗協會理事長立法委員吳望伋兄七十

人言七十於今始　我道先生德業崇　養氣乃能存正氣　執中方得進時中
功垂立法綺才譽　馳騁議壇國士風　民意測知心向背　天心企望五洲同

壽華美日報發行人前上海市議會議長潘公展先生八十

海外常留不老春　文章力足蕩嬴秦　一枝禿筆走天下　討伐不仁顯至仁

步原韻壽劉鳴嵩教師七十（鳳頂格）

劉公儒雅醉吟時　鳴鐸振聾發聵痴　嵩嶽巍巍南極壽　學行抑抑謝安棋　養心陋巷希顏聖
冠蓋京華笑杜詩　群玉山頭桃正熟　英英歸隱不爲遲

附原詩

虛度峥嶸少壯時　惹他人笑虎頭痴　好書過眼迷烟霧　飽食終朝戲博棋
黃海白雲遊子淚　青山紅樹酒徒詩　一生昧昧甘雌伏　七十捫心悟已遲

壽中華學術院詩學研究所易所長大德博士八十雙慶

盛德期頤仁者壽　長庚復旦詠卿雲　欣欣自美桃爭艷　耿耿孤忠菊浥芬

壽周教授世輔博士伉儷七十（鳳頂格）

文章八代奇　能與退之齊　載籍九流博　道傳百世垂　學融黃老術
貫一孔孫思　天賦期頤壽　人同海鶴姿

註　周教授年長而學優於予　獲學術獎亦先於予　學養俱優　令人尊敬　予追隨其后　屢屢榮獲學術獎　曾贈予一絕曰

道奉中山喜共研　頻頒褒狀愧盧前　後來居上膺新獎　大著煌煌邁衆賢

壽李代表七十

從來仁壽本難分　仁是動機壽是徵　爲國爲家非爲己　求眞求實不求名
一身傲骨岸然立　兩袖清風豈患貧　伉儷情深彌足貴　杯盤笑語最堪珍

壽嘉蕙三嫂七十

婦才婦德俱兼備　嘉耦和鳴蘋藻章　妙筆匠心能獨運　杏壇春暖歲時長

坤元夫人七十　倩秀中一妹繪秋菊為壽

南山壽菊報三秋　風格高奇品格優　翟氏安貧陶樂道　倩憑秀筆繪清幽

七秩將度自我策勵

不求不忮本然性　勿助勿忘體察時　洙泗從心任所欲　尼山發憤老靡知
岳公進取方開始　杜老悲觀嘆古稀　際遇不同情異趣　人生觀點到今疑
細雨枯燈德照鄰　詩人赤子見情眞　希賢希聖彌高遠　克儉克勤又日新
無怠無荒求達己　盡心盡瘁效孤臣　夜來小院迎秋立　霜降眉尖益有神

簡莫立法委員萱元仁兄

殷士衛臣最敢言　是非曲直要詳論　語驚四座咸容易　筆掃千軍豈色難
善理亂絲條不紊　協調預算席難溫　朱顏綠鬢遐齡壽　久與人交氣謙敦

贈洪社長吉嵐仁兄（有序）

生力月刊洪社長吉嵐兄　胸次涵蓄　心地磊落　雖天賦剛直傲岸　但能存養心性　和平奮鬪　此正所謂內剛外柔　內方外圓者也　涵濡而多德澤　剛毅而不木訥　處人作事　堅持原則　穩健衝進　敬謹專一　不好高騖遠　能爲大於微　從事黨務政務新聞傳播工作　服務社會　犧牲奉獻　不矜不驕　知進知守　予與之交　三十年矣　山陽古柏　徐州瘦梅　其能結爲知己者　有其先天之因素也　論個性與之相近　比涵養尙遜一籌　切磋琢磨　進益良多　予

與之同庚　長半歲　虎屬也　憶昔五十歲時，曾贈一詩云　本是寒山一古柏　何緣相見瘦梅花　輕風細雨蓬萊巷　午夜挑燈倍憶家　日月周移　人事倥偬　今年六十七矣　已過蝶舞蟬鳴之期　進入桐涼楓冷之境　幸喜頑健如昔　興趣如一　晚晴宜醉　秋景堪珍　越昨索詩於予　爰書五律以貽之

去國五千里　羈台三十春
涵濡行若敬　剛毅近乎仁
傲岸天之性　平和德潤身
桐陰飛大白　共醉九秋雲

簡隱者陳仁瑾書法大師

碧潭高隱憶瀟湘　日與管城說短長　尺素誰能遺暮興　夢中縈繞董其昌

白雲寺題壁

白雲寺上白雲飛　白雲寺外白雲圍　養性修眞何處去　青燈黃卷不須歸

贈余代表建中仁兄

相知卅載有緣由　道合志同善唱酬　壇坫讜論天下事　蕉窗細雨基隆遊
杖期獻替勤謀國　浮海匡時伐沐猴　仁智兼全華嶽壽　春風廣被樂無休

贈中國民主社會黨中央委員台灣省選舉委員會委員葛錦門鄉兄

飄灑風神一酒仙　軒昂器宇竹林賢　千秋憲政多良獻　民主功高紀史篇

九十翁李玉階老道索書　撰聯以貽

華嶽精英收腕底　江南秀逸蘊胸中

黃卷雲女代表索書　撰聯以貽

卷簾靜聽催詩雨　倚石閑看出岫雲

書畫鑑評家姚代表夢谷大師　近撰繪國民自箴百篇

博愛深情寫自箴　秉持文化濟時心　揮毫一瀉三千里　指點人間第六倫

註　赴文化大學授課途中　憶起吾蘇大老　泰縣國民大會代表　當代書畫鑑評家姚夢谷仁兄　近撰國民自箴百篇　邀集畫家繪爲百幅　展示於　國父紀念館中山畫廊　由行政院院長郝柏村氏親臨指導　內政部部長吳伯雄氏剪綵　轟動藝壇　轉移社會風氣　強固儒家五倫之學而爲第六倫（社會倫）焉　欽敬之餘　口占一絕奉貽

送顧衍時姪女婿汝楨姪女之美

爲伸壯志渡重洋　振翮雙飛之遠方　文化交流肩大任　芳名欣見播他邦

強恕中學八十週年慶

強恕行忠恕　求仁得近仁　八旬培秀木　百載樹完人　濟美菁莪士　競芳桃李春　功勳光史乘　鄉里望彌臻

輓總統　介公

聖學正宗　夫子嫡傳　溫良恭儉讓

國家救主　兆民視作　天地君親師

輓總統　經國先生

以興亡爲己任　毋意毋必毋固毋我　留下一局殘棋　誰來收拾

置死生於度外　有爲有守有理有則　展開時代新頁　公乃完人

輓哲學家立法委員邱友錚鄉先生

古昔重倫理　年長十歲　尊稱父執輩　何幸忝爲朋輩交　人緣地緣　忻喜有緣追隨研究康德

達文黑格爾　回首往轍迷惘　愴然淚下

今世尙自由　憲典卅載　適應民主潮　堪慶咸是弄潮兒　勸學勸學　慚愧無學依樣撰寫國父

杜威馬克思　昨宵靈幃佇立　怎禁神傷

註　康德　達文　黑格爾　國父　杜威　馬克思哲學　乃邱先生之專精　其中「國父杜威馬克思」一書　榮獲教育部學術著作獎

輓光亞二哥

棠棣花摧　「絢麗世界」無顏色

雁行翼折　「歷劫鴻泥」有淚痕

註　「絢麗世界」「歷劫鴻泥」　皆二哥遺著

有贈

北亞秋高爽　因緣識畫師　何時攜美酒　湖畔細論詩

有問

何事藏心底　一杯引舊愁　恁它腸百結　坐對畫窗幽

有寄

寄慰青娥四句詩　引來粉黛一根絲　靈台蓮覆深幾許　有畫無言自費疑

有題

莫理無情煩惱絲　恁他彩筆塵封時　推杯不飲窗前月　野霧迷茫訴與誰

註　秋菊有以懶梳妝爲名者　花瓣細長拖曳四五寸　軟柔纖細　嬌弱無力　怡園有此名種　多年不見　夢想爲勞　口述美姿　泥畫師揮毫一幅　因題一絕

梁羅二畫師再度訪藝文於日韓歸來　邀約數知己飲於春風得意樓　幷遊陽明山賞櫻

春風得意樓頭坐　淺酌低斟話別情　爲愛藝文常攬勝　祇緣餘興入山行　蘭亭思古懷前哲

野客知音佩玉聲　醉眼看花花亦醉　杜鵑何事笑盈盈

敬題　介公觀學生野外寫生圖（有序）

秀中率學生野外寫生於蒔林　介公悄然散步而至　搖手示意　囑勿驚動學生向學情緒　偉人之偉　於此小節　亦甚講求　秀中深受感動　爰濡墨繪圖以紀　囑余題辭於畫端

愷悌慈祥　內聖外王　愼謀能斷　莊敬自強　德化及於幼輩　仁澤灑乎四方　爲國家民族之砥柱　是人類前途之曙光

敬題秀中一妹繪　介公伉儷遊園圖

碧落神仙眷　蓬山俊侶親　光風稱壽相　一代兩完人

題八藝學會旅遊烏頭山寫生圖

烏頭山下水粼粼　修竹清音裂帛聲　舴艋舟中生意滿　有詩有畫客思盈

梁教授畫展

秀中慧外丹青擅　摸影寫生學藝深　濃抹艷妝塗淨練　輕烟疎磬繞空林
枕流漱石寒明月　漁水樵山鎖翠嵐　逸趣清新雲出岫　謫仙風韻素琴心

羅教授意新遊歐歸來　寫生畫題詩三首

我愛他山清　歐西萬里行　風情異國好　笑看白雲橫
從來山可學　自古水難爲　海島情無盡　晨昏景物奇
興來萬里意悠悠　異國風情筆底收　日智日仁求立達　樂山樂水任遨遊

梁羅畫展聯

豪氣凌雲　笑聲爽朗　幾疑爲燕京壯士　興來醉月飛觴　彩筆橫揮　寫竟人間生態美
深婉曠逸　秉賦敦厚　誠可謂巾幗良材　輒喜優遊藝囿　詩情感蕩　超奇想像自然清

李代表徵慶友漁詠四君子六十韻囑題卷耑

漁廬寂靜豁吟眸　君子德風草偃頭　一片冰心居士逸　三春燕夢美人愁
七賢瀟灑凌霜節　五柳清幽浥露柔　西望金陵妖氣重　詩翁獨立最高樓
清高絕俗瘦寒枝　飄逸幽香素淡姿　晚節凝霜陶令采　拂雲掃月釣翁思

一潭碧水冰心潔　半日悠閑隱士詩　八十杖朝勤獻替　廟堂仙客壽期頤

題凌代表紹祖詩畫選集

吾愛風雷筆　一揮動鬼神　凌雲楓葉晚　垂露月華新　瀟灑猶年少

蒼茫見老成　環肥與燕瘦　並得硯池春

北投花園飯店題壁

秀色最可餐　夜闌興未闌　花園同一醉　月落水雲寒

新春索如意圖者衆　凡索必繪贈　并繫以詩

人生事事求如意　且運采毫繪吉羊　百福千金紅一品　懷黃曳紫壽而康

繪老僧入定圖　壽何教授九淵兄嫂七十　并繫以詩

有事蒲團坐　無事坐蒲團　古稀禪機發　神遊天地寬　章草揮急就　學庸得心傳

溫良恭儉讓　桃李景仰觀　伉儷情彌篤　騰芳滿庭蘭　彭祖七六七　松齡媲泰山

三畫師山水壁畫題詩

玉指拈銀管　揮毫勢若飛　雲騰將致雨　水動可生霏　石瘦枯秋樹

楓肥映夕暉　濤聲來壁上　冷露欲沾衣

題溫淑靜王君懿羅意新女畫師合繪深山訪友圖

曲徑通幽欲接天　翠微深處好聽泉　閒來談論琴書畫　三友原來是謫仙

三畫師雙松圖題詩

雪友蘭兄高勁節　仙風俠骨受秦封　棲鸞繫馬雙飛勢　六月生寒起臥龍

三畫師合繪逸士醉眼觀瀑圖題詩

噴雪動寒松　穿雲霧氣濃　崖前吟醉眼　秀逸貯心胸

羅芳教授懷親　繪圓通寺白雲靈塔圖索題

雲外有仙鄉　人間孝敬長　山深林茂密　曉色射晴光　古刹雲端立　浮圖絕俗塵　還將思親淚　化作腕邊春

題鵲傳春信圖（有序）

華美協進社台中分社十六週年紀念　請包立法委員一民女畫師繪鵲傳春信圖　贈美國駐華大使馬康衛伉儷　懇予題詩　韓教授靜遠書寫　餽贈儀式　由莫立法委員寒竹社長主持　緯國仁兄光亞二兄兩前社長分別以中英文吟誦　孫教授建偉英譯　咸謂三難兼併　不易一覯也

格高韻勝非凡品　冰蕊繁華立朔風　照影清溪寒徹骨　聞香雪岸意無窮　林邊索踐前時約（其時中美可能有斷交之虞防衛協定動搖）　枝上常聽吉語融　破臘喜傳春信息　天心企望五洲同

THE GENERAL IDEAS OF THE WRITTING VERSE

Plum flower is our national flower whose character is noble. It stands against the cold wind so flowering plum stands first among the flowers.

Budding plum radiates the wonderful color in cold soaked winter.

We have a real happy talk of the old good times by along the plum and bamboo trees.

When winter is gone we enjoy freedom whol-eheartedly in coming spring.

贈包一民女畫師（有序）

一民女畫師繪鵲傳春信圖　餽贈馬康衛大使伉儷　懇予題詩　復繪一幅題原詩以酬予　乃還貽以詩曰

胸次通靈成造化　毫端入妙蘊天機　丹青點染花千樹　活寫林間百鳥飛

美國駐華大使馬康衛先生　任內敦進邦交　貢獻良多　今致仕歸田　華美協進社囑贈詩留念　爰為古風一首

持節赴中華　忻然來意嘉　才能出儕輩　任重而道賒　邦交賴敦睦　友誼益增加
赤焰燒寰宇　洪濤浸萬家　自由遭摧毀　民主懾奸邪　風暴襲吾土　力挽狂瀾斜
使君秉正義　功勳實堪誇　史家存好感　吾民祝福遐　悠遊園林裏　且喜壽無涯

世界詩人大會主旨為　弘揚詩教　促進大同

群英咸集在中華　四海大同是一家　詩教弘揚伸正義　口誅筆伐懾奸邪

世界詩人大會第二次會議　於民國六十二年十一月十二日假自由中國台北圓山舉行　詩題一為詩與人生　二為寓詩於畫　三為詩與音樂　到會者有四十八國代表五百餘員　余代表台北參加　并任左詞宗　幸以詩與人生七律　獲選探花

不爲財苦不名累　縱有歡愉亦有悲　超脫塵埃載酒去　沉潛仁義枕書思
洗心藏密擬貞柏　浴德澡身比瑞芝　詩化人生高境界　安行安止適其時

淮安采風錄照片題詩

胯下受辱——胯下橋

智而不智　忠而不忠
設壇拜將　假王真封
悔誤錯聽蕭相
恨不計從蒯通
甘受辱於胯下橋
難全命於未央宮
一生或榮或辱
執兩不能用中

龍光吐瑞——龍光閣

龍種生來志氣豪　碧天無際任遊遨　呑雲意在翻時勢　化作祥光滅鴟梟

文峰幽光——文峰塔

城西孤聳凌空筆　絕頂雲霞接翠天　七寶莊嚴呈妙相　幽光潛德萬斯年

勺湖秋瘦——勺湖

誰信楚州竟陸沉　冰壺霜鏡故園心　殘存一勺湖邊水　秋瘦寒蟬曳怨音

瞻岱巍峨——瞻岱門

瞻岱無門欲問天　淒然涕淚亦茫然　白雲蒼狗俄虛幻　殘賸銀城遺影傳

（瞻岱門劫後　連

同城牆及迎薰門　慶成門　拱辰門一齊拆除）

自怡園遺景詩

敬題自怡老人遺像

養成大拙自然巧　學到如愚葆性天　霽月光風行落拓　清和淡蕩醉雲烟

附錄　馬公愚大師誄辭

懿德逴優　猶然高厲　胤嗣昭達　俾爾熾昌

集漢碑句

抱布新築

名士隱居新築中　投閒著述仰高風　唐初四傑詩文註　抱布藏鐘道貫通

註記　先大父敬臣公諱清翊浙江武義縣正堂　致仕歸隱淮安　建抱布新築於城東蘆葦間　著書立說成唐初四傑集註若干卷　緯學興廢源流考二卷　羣緯釋文三十卷　治縣新譜八卷　洪遵泉志集證十五卷　選泉叢說四卷　投閒錄十卷　陳孔璋集輯存一卷　任彥昇集箋註六卷　其時付梨棗不易　刊刻流傳者　僅四傑集註中王子安集註二十卷耳　余幼時見新築書橱頂端　放置著作刻版甚多　兩次戰禍　悉燬於兵　據悉藏書及著作刻版統被日寇竊走　竟無一物一書遺留　民國六十六年　偶見報章廣告　大化書局由日本攜回　先大父手註王子安集註　影印問世　余獲得兩部　寶而藏之　其他遺述　則未之見也　新築所藏古布萬千　周鐘（避父鐘）漢器　唐碑宋磚　無以數計　燬滅無存　幸於民國二十六年蔴鞵入湘蜀　參予抗日聖戰時

攜帶少數古文物拓片　雖經半世紀離亂　仍能殘存行篋　乃於八十壽辰之春　整編行世　一曰「三代吉金・漢唐樂石拓存」　一曰「古印璽・楚州宋專拓本」其意惟在保留古文物殘影對古文化作良心之交代耳

紫籐書屋

幼時勤讀紫籐下　高朗書聲徹夜聞　垂老思源情緒亂　晚秋懷遠誦清芬

註記　幼時就私塾於紫籐書屋　室裏學童書聲朗朗　簷前蜂繞籐花　其聲嗡嗡　誠讀書佳境也　尤以春宵夜雨　花香充盈燈下　朗誦桃花源記　春夜宴桃李園序　出世脫俗　神清氣古　養成日後之人生觀念　時隔六十餘載　情景猶在眼前　書聲猶在耳邊　先父督課甚嚴　塾師夜歸有老人監讀　非三更不休止也　晨興　百花盛開　見海棠嬌羞　繪畫并題詩一首　有「獨有海棠經雨後　容光慘澹令人憐」句　懇玉芙大姊坤元表妹刺繡　呈閱於塾師　師興起　執筆題詩有　「潔白綾繪繡海棠　相親也覺有清芳」之句　余再繪梅竹圖　復泥玉姊坤妹刺繡呈閱塾師索題　頗有考驗之意　師濡墨詠曰　「三友圖成二友圖　如何不見老松乎　梅花向竹低聲道　他在秦邦作大夫」　想像空靈　音韻入神　不加思索　信手拈來　不禁令小子由衷欽敬　慚愧侍立　不敢作聲

雪覆桃蹊

雪覆桃蹊春在望　怡園殘景畫圖中　東城菊叟匠心運　吳斧郢斤巧思工

柳浪橋影

荷池波動雙橋影　柳浪含烟十稔亭　舞袖輕盈隨意曳　流風餘韻德長馨

己丑中秋接蘇淮家書並照片

相望雲天覓淨土　蘇淮山色繫思深　家書值得千金價　玉照傳眞萬里情
箕帚無私賢惠室　驊騮有種不凡人　蟹肥菊瘦怡園景　飛絮飄萍泣斷根

酒過千杯醉不辭

金門　耀眼的金門
全身活力　朝氣勃蓬的青年　集合一起
構成一幅力的寫景
繪成一幅動的畫面
寫成一幅史的詩章
能動能靜　有靜有動
靜時蟄伏壕溝　呼吸無聲
動時突擊頑敵　槍砲齊鳴
他們在學習中謀求進展　在戰鬥中尋找樂趣
在壕溝緊張備戰下　傳出書聲
在電視輕鬆歌聲中　擊拍和唱
在戰場上找到人生　認識人生　享受人生

在堡壘中枕戈待旦之時　還有暢飲行令的雅興
面對敵人砲轟萬發　不憂不懼
面對飲者佳釀挑戰　千杯不醉
我輕聲告訴那位能詩善畫　擅長豪飲的曹將軍
戰士們眞是
砲轟萬發神猶健
他低聲吟道
酒過千杯醉不辭

民國第二癸丑　距逸少之會於會稽　二十又七甲子　自由中國詩人聯誼會修禊於陽明山之蘭亭　相約各賦詩二首　勒石建碑　以為紀念

三春臨水來修禊　海外猶存上國風　晉殿吳宮芳草綠　王亭謝館夢思重
欣看大雅精神健　且喜群賢興味濃　西望雲烟封故土　可憐民俗渾難同
曲水浮觴解席飲　蘭亭醮筆競題詩　陽明山上多奇氣　文化堂前啓哲思
風月存心常變幻　林泉無主孰維持　攜琴贈芍楊柳岸　狂士清流濯足時

甲子重九華岡登高雅集　西望故國風雲　揮淚感賦

落葉飄搖秋氣蕭　重陽佳節又登高　遙看煉獄熊熊火　忍令蒼生臭臭焦
四化三通新戰略　和談統一舊花招　愚蒙不識豺狼狠　猶自甘心附鴟梟

附録　凌代表紹祖龍孫和詩

秋霜染鬢感飄蕭　重九登山不計高　遙望河山空淚泣　縱觀世界倍心焦
三民主義堅團結　四海英豪廣攬招　戮力揮戈齊奏凱　犁庭掃穴滅群梟

甲子重九華岡登高詩　寄呈龍孫　拋磚得玉　復奉一律

菊酒萸囊秋意蕭　先生德望適時高　凌霄聳壑中和氣　裁紙揮毫潑墨焦
道統秉持維法統　大招不賦願賢招　希顏樂孔行儒術　淬勵磨礱誓滅梟

戊辰上巳修禊

老病殘軀祇自憐　強顏歡笑在人前　群賢畢集東南美　憂患餘生志益堅
百歲幾人能享得　栖皇隱抱千年憂　痴情莫過靈長類　孤憤滿懷向晚秋

庚午上巳禊集　以蘭亭集序全文分韻　得所字

庚午修禊集詩侶
新晴花放百鳥語
歡樂光陰應善處
奈何人際多齟齬
百戰山河裂疆宇
矢志復國播海嶼
煮豆燃萁豈忍覩

千萬生靈血如雨
可憐貧困炊無黍
罄竹難將罪孽數
「四個堅持」迷戀武
「一國兩制」難相與
「三分島外」或易堵
「七分島裏」不易禦
盜賊游勇常嘯聚
癲狂無節中毒蠱
社會混亂失其序
有法無治群魔舞
率獸食人人不拒
反與豺狼同爲伍
狼狽奸行類蛇鼠
豎子無知狐假虎
吁嗟乎
安得中流有砥柱

驚濤駭浪不爲懼
雄奇剛烈　孤憤悲壯　振臂蜂起蕩妖氛
使我炎冑華裔　賢良人民　得以安其所

辛未上己修禊　以右軍蘭亭集序全文分韻　得雖字

白傅請君添一酌　聽他引吭詠四雖
東坡故國神遊日　追逐長風歸去時

辛未重九中華學術院詩學研究所登高賦詩

河山以血銘征戰　風月無權作主張　暴戾恣睢悲失控　街頭議會任癲狂
強梁不得其死所　弱肉焉甘充轆腸　讀史簷前秋色黯　登臨絕頂見蒼茫
河山以血銘征戰　風月無權作主張　世事離經悖理則　人心違道任猖狂
脫繮野馬難羈勒　出柙猛獅不可當　眼看橫行無禮法　濫施慈惠國恆亡（韓非子語）

壬申上己中華學術院詩學研究所修禊於台北　仍以右軍蘭亭集序分韻　惟易自選耳　予拈娛情哉初四韻作四絕句

大江東去回歸未　笑我多情白髮疏　修短窮通隨造化　老來寄興以詩娛
流觴曲水群賢集　大塊文章思緒生　放浪形骸如所願　行休早識自然情
且行且止尋幽境　回首紅塵盡是灰　濃霧漫天迷路向　蔥蔥鬱鬱氣佳哉
也向山林學隱居　死生夭壽總虛無　快然自足書齋事　七九難能賦遂初

鄧傳楷先生以德行聞於世　越昨索書　爰賦四君子古風一韻五首　敬乞雅政

庾嶺春信兮　五福初綻　格高韻勝兮　孤芳璀璨　含蓄蘊藉兮　烟疏香黯　冰蕊清新兮　癯仙偉岸

開付東君兮　縹渺雲畔　獨秀挺勁兮　九畹仙散　王者馥郁兮　靈德素淡　美人香草兮　君子楷範

九秋將晚兮　星移物換　故國蜩螗兮　深鎖愁院　東籬採擷兮　廬山識面　南窗寄傲兮　詩酒為伴

雲潤星暉兮　文彩爛縵　行本無瑕兮　風清月旦　亮節虛心兮　不羨華冠　瀟灑幽靜兮　神韻俊彥

冰霜勵志兮　古道仰羨　鄉黨賢哲兮　邦家楨榦　元首股肱兮　中樞參贊　良吏貫誠兮　國史立傳

梁中銘大畫師為我繪封侯圖　爰題四韻

開國元勳無相命　靖邊飛將不封侯　高人立命有長策　獨與孤猿結侶儔

進爵封侯衆所希　少年投筆錦衣歸　平生盡瘁朝家事　老去渾忘定遠威
日夜啼殘巫峽雨　經年嘯破洞庭煙　狂夫躁進而冠冕　冷看紅朝有幾傳
悲嘯疑雲夢不成　餘音繞樹月華清　王孫附我攀龍鳳　浪得齊天大聖名

台北粥會（有序）

曩歲丁福保吳敬恆兩先生倡行粥會於滬濱　四一九被稱爲粥會創始日　星霜屢易　人事代謝似已不復省識　浮桴來台　狄君武于右任李石曾諸大老復興粥會於台北　先後已屆滿六十二年—一九三〇—一九九二　茲於九二年四月十九日假天廚煮粥　共話桑麻　不禁感慨系之

來參粥會仰先賢　國士經師化鶴烟　耆宿吟成一個字　三原揮筆好幾篇（狄太倉有吟成一個字揚眉好幾天句于三原展紙揮毫寫至第四篇方爲滿意）　杜陵詩味晚來永　陸羽茶香雪水煎
人自多情人自老　東南俊彥笑華顛

恭賀蔣總統經國先生連任總統

先生再度膺元首　勳業崇隆德望高　天予人歸凝鼎命　雝和肅敬飲醇醪
孤峰聳峙撐危局　一鶴鳴風遍九臯　放眼初春新氣象　百花相與樂陶陶
萬緒千頭理亂絲　風雲變幻費猜思　極權權勢冲擊甚　民主主流激盪時
心境如湯常慄慄　形勞似禹日孜孜　允文允武媲先聖　克儉克勤享壽頤

建國七十四年歲首

建國於今七四更　艱難幾度死生情　鬩牆攘奪倚鄰勢　尋斧鬥爭類盜行

拂士心波無力感　英雄髀肉自然生　議壇狂熱盈庭論　紫禁留中一羽輕
隔岸呼聲夜夢驚　民胞物與動眞情　臨風暗灑幾行淚　立雪浮香一點心
理論偏差淪地獄　行爲舛忤絕天倫　嚴霜勁草空興嘆　忍教豺狼惡狀獰
學人國士議條陳　民主貴能洽輿情　有術無謀當軸道　弄權頑法愼焚身
紅臻極處翻疑紫　假到顚峰便似眞　施政爲人同一理　欲開金石但精誠

附錄

拜讀　蔣代表逸庵兄乙丑新春詩卻贈　謝　康

當代清才數逸庵　地靈人傑出淮安　文章經濟匡時略　革命精神譽坫壇
著述等身人共仰　上庠化雨士同霑　中山科學勤研討　哲理闡揚儆傲頑
閒將餘事作詩人　詩句百篇席上珍　杜甫秋懷關世運　曼殊本事亦酸辛
歲躔更迭傷時亂　歌舞騰歡慶早春　群怨興觀詩教在　幸將斯道覺斯民
（逸庵曾榮獲全國詩人大會詩教學術獎）

丙寅三月初一　七十五歲矣

耐心忍受當前劫　春暮凄然嘆落英　霧裏看花花失艷　夢中省我我還清
遐齡述作費思考　絳帳傳經不倦勤　代表常懷無力感　學人空抱向陽情

柏森大兄八三雙慶長歌以壽

怡園桃熟三千頃

半畝花黃秋色新
台海風雲趨勢寧
寧　寧
兩岸同胞一脈親
甘霖雨露潤無聲

申猴值歲通天靈
賦予自由自在身
偷得蟠桃祝遐齡
齡　齡
南仰仙翁北拱辰
千杯醉臥傲長庚

君不見
摩詰居士與人爭席罷
退向輞川作隱淪
鷗閑鶴靜淡蕩人

又不見
國會辯士奉獻榮退后
內湖之畔葛天民
自號野叟學釣綸

柏森大兄代表律師出席國民大會　功懋憲承　獻替良多　八三雙慶　欣逢靈猴值歲　桃熟添籌　菊黃酒馥　爰賦長歌頌其遐齡　兼揚畢生爲公之精神也　松嶺逸叟四弟一安大病未痊　草詠并書　手顫不善寫　筆力疲軟　非寒松霜竹之顫筆也

李代表鴻儒通甫九十雙慶壽序　附壽詩

名利任由他人爭
傻瓜精神執著行
保持腐儒本色晚霞明
君不見
文章千古事
仕宦一身經
曇花一現柏長青
柏長青

和何教授九淵學長旅美閑居生活享受人倫之樂（轆轤體）

議政煩囂境不舒　珍饈乏味慕清蔬　爾來罕見娛心事　盼到海天一紙書

盼到海天一紙書　禪機詩味佛影蔬　林園享盡人倫樂　共沐晚晴意態舒

共沐晚晴意態舒　閑來撥雪採芳蔬　滿園清淨滿窗月　一襲青衫一榻書

一襲青衫一榻書　紅泥爐火燉蕪蔬　山居簡陋無兼味　薄酒微薰氣自舒

附錄原詩

鵲噪花迎步履舒　滿園綠意擷新蔬　今朝別有歡欣事　萬里飛來逸老書

偶於台北畫廊購得溥心畬大師二喬圖題之以詩

赤壁欣傳捷報來　阿瞞棄甲有餘哀　西台空剩雙銅雀　不鎖二喬鎖碧埃

茶道館品茗

純青爐火半窗明　茶熟飄香意轉清　相見無言惟恨晚　隔簾猶有惜花人

濛濛煙雨水龍吟　琴韻歌聲茶藝深　香霧雲鬟花有淚　我今來作捲簾人

歷史博物館國家畫廊品茗　下視秋荷秋楊醉芙蓉　一片寂寞

只見殘荷不見花　垂楊無力拂流霞　輕愁漫染芙蓉面　憔悴心情感歲華

春夜持螯賞菊

春夜夜何其　月明星亦稀　樽前桃李艷　菊伴海螯肥

簡陳副主任委員建中先生

老樹凌霜挺　寒梅帶雪香　詩人歌百壽　愛晚月華光

贈友文五弟高級工程師

大匠羨班輸　中規中矩　景仰巍峨凝心血
名流數彌衡　有膽有識　毋畏強權見精神

再贈友文

修竹長青　逆風傲岸
明婁哲巧　百世師承

參加美國南加大教授訪問團赴中國大陸杭州北平等地　考察國民教育　規劃改進事宜

感慨萬千　情緒激盪　不能久留　匆促經廣州而回

梅花落盡桃花開　南大師尊結伴來　山色湖光收眼底　劫餘老幹舊時栽

註　反共學人方勵之言　共區教育　學校是滿清的房子　教員是國民黨的弟子　學生是共產黨的兒子　教我們如何規劃改進　感嘆無已

極目關山依舊紅　民貧國富困重重　蒼生望飽無他望　察察繁苛不見容

註　由杭州去北平轉長城　所見所感

血淚編成多少恨　幾人腦海記猶新　瘡痂脫落瘢痕在　萬戶蕭疏泣鬼神

註　文化大革命後　毛某詩有　萬戶蕭疏鬼哭家之句

中國經濟評論社張發行人一心兄出版大陸經濟專號　囑為題辭

渴望愛心灑九洲　九洲經濟待籌謀　民生首要爲衣食　兩岸資源結合流

與經濟學家張代表一夢兄談大陸經濟走向

一夢依稀到九洲　九洲經濟待籌謀　長才博學擅良策　富國富民德業優

退職抒懷二首（有序）

國民大會代表職務　早有意交棒　奈何增補選人物中　表現於國會者　暴戾恣睢　魯鈍蠻橫
肢體語言不斷　議事不求效率　缺乏民主素養　更不知民意價值　目睹爲憾　言之傷感
然爲中國民主政治前途計　終於自行立法　自願退職　試爲改革　爰爲詩文以紀　并殷切期
盼後起者　能爲民權政治　有所奉獻也

老成萎謝盼新生　承繼無材絕後塵　聖殿議堂多鬼蜮　魔魑魍魎失靈魂
弱冠求知欲濟時　八旬交棒不爲遲　老夫親植民權樹　一片誠心望善枝

附錄：

禮讓善路　以啓新猷——國民大會代表退職抒懷

國民大會第一屆代表，當年依法產生，肩負行憲任務，今茲任務完成，依法自願退職。來得光明，去得磊落。

回憶行憲伊始，不幸大陸沉淪。國民代表們爲維護憲政而播遷海隅，爲繼續行憲而建設臺灣。四十二年來，心懷舊創痛，手闢新境界：一面抗拒極權共產，一面推行民主法治。求其當求，行其當行。使命維艱，目標崇隆，誠可謂「明知其不可爲而爲之」者也。

歷年來，全國朝野，共同奮鬥，終能遏阻紅潮氾濫，赤禍蔓延；建設民主規範；創發經濟奇蹟；改善社會素質；提昇教育水準。雖在八方風雨侵襲之下，仍能屹立於世界民主國家之林，更且躋身於世界開發國家之列。此皆我國民大會善用政權，監督治權，制衡得宜，共同策進之民主新學理良好表徵，亦爲五權憲法史上開創新興紀錄。誠堪告慰我國內選民及海外熱愛祖國僑胞也。

其中經濟奇蹟之創發，國人引爲驕傲，世人交相讚譽。今者，百尺竿頭，宜乎更上層樓，再創政治奇蹟。

本年（八十年）國民大會第二次臨時會，於憲法中增訂條文，期使憲法更能適合時宜，憲政更能爲人民謀求福祉。則既可增進民權法治，建設臺澎金馬；亦可以民主、自由、均富的政策，號召中國之統一。

國大同仁深深認知：行憲崇高使命告一段落后，自應禮讓善路，以啓新猷。祇以繼起乏人，安忍令法統中斷眞空；交棒無由，怎可任民意表達斷層？茲幸憲法增訂條文之制訂公布，其第五條明定，二屆國代於八十年底產生，第六條復明定二屆國大代表將於當選三個月後集會。深慶菁英繼承，賢能在位，法統不絕，憲法可維。我們理宜遵守我們自己訂定的憲法，於此時際，依法自退。

四十餘年來，矢志守護憲法。富貴不淫，貧賤不移，威武不屈，懍懍然雄踞議壇，被譽爲憲法守護神的崇隆使命達成後，可以光榮退職，卸卻仔肩。過去所以任勞、任怨、任謗、任辱，而沈默寡言，隱忍不白者，祇爲全心全意守護神聖法典，不容反民主、反法治、反傳統、反倫理宵小逆豎，亂臣賊子之侵害也。

自古盡己謂忠，安民謂義，忠義之士，絕不爲一己之私而戀棧貪祿，更不爲一己之利而矇昧良知，多年以還，懷抱憫人濟世理念，發抒仁民愛國情愫。奮勉從公，犧牲奉獻，退職之後，寧靜淡泊，自然安詳。青山長青，綠水長綠。惟身棲林野，心存社稷；老兵不死，不死不休。仍期竭其餘力，散其餘暉，尤期連手更上層樓，促進河清，共創政治新境界，敦進中國之統一。

茲於退職之際，乃有不能已於言者，略陳於后，一抒愚意。吾信絕非抒一己之情懷，實發全體同仁之心聲也。

國家建設，經緯萬端，從政者，要在秉承政治良知，朝野精誠團結，共同奮勉。

一曰以大公無私理念，建設民主政治；

二曰以純淨理性問政，伸張民意政治；

三曰以和諧眞情誠意，發展政黨政治；

四曰以明刑弼教策略，培養法治政治；

五曰以明德新民良知，重整倫理政治；

六曰以公平論政風度，導正輿情政治；

七曰以血濃於水感性，強固僑民政治；

八日以自由平等觀念，促進全民政治。

上列八端，犖犖大者，言簡意深，眞心誠意。渴望於國內國外中華兒女共同認知：同舟一命，禍福與共，凝固一體，顚躓不仆，所言者眞，所求者實，所望者殷，所盼者切。倘能懸爲今後建國鵠的，則政治奇蹟，指日可待。若以之配合經濟奇蹟，合爲「臺灣經驗」，何愁中共不徹底覺悟，改弦易轍，放棄由馬列思想蛻變的所謂「中國式社會主義」，而回歸認同三民主義，開誠布公，共同攜手邁向中國統一大道哉！

（註：本文發表於民國八十年十二月二十五日中央日報，列入國會紀錄。并輯入國史資料。）

壬申三月初一日七九生辰得六韻　其時方由國民大會代表、主席團主席、憲政研討委員會委員兼編纂委員任內退職　同時亦停辦憲政論壇月刊　復辭去革命思想月刊發行人職務　雖有歸隱林園之思　難掩關懷社福之情

四朶白雲稱壽相　窮經皓首是書呆　文章報國中年事　入暮悄然庾信哀
一陰一陽斯謂道　安行安止唯其時　役心役物能明辨　隨興隨緣任所之
足乎已勿待於外　能致良知是謂明　散髮披衣歸去也　民生社福總關情
一觴醇釀酬風月　孤鶴冥飛有道骨　俯察仰觀運思維　無聲霜露侵華髮
詞客身如不繫船　陸沉亡命到台員　匡時淑世持中道　七十從心八聽天
私欲毋隨外物遷　取捨義利豈能偏　酸辛苦澀俱嚐徧　未享人間一分甜

癸酉正月初四日邀九淵教授兄嫂等春酌於松嶺逸廬　承示新歲詩囑和　時局晦暗　兩岸

關係依舊無新蹊可尋　心境淒清　流落台灣之大陸來客四佰萬人　日趨窘境　豈將成桃源避秦人乎

猿嘯殘年雞應聲　聲聲切割海涯人　海涯竟是不歸路　我尙存餘幾度春

後之視今　亦猶今之視昔　悲夫

舊籍重溫如晤對　新知研習貴能融　勤於統系長思考　慣愛追原一貫通
冬去春來又一朝　梅花落盡任風搖　殷紅淺碧黏泥淖　疑是沙場血漬漂
奪位爭權水裏月　令人迷惘鏡中花　功成身死如何價　美譽芳名餐晚霞
青峰幾點對斜陽　過往雲烟輒感傷　投筆擲書疑史乘　竊鈎竊國孰爲殃
舉目冰輪吳伐桂　寒霜滿地近秋涼　流人暗灑孤忠淚　冷看紅朝幾帝王
殷鑑幾人能警惕　弄權享祿渾忘身　宋元迷失隋唐事　枯木寒山早斷層
斷代史篇如切片　其中脈絡暗相傳　我心神會蒼蒼意　理法人情豈可蠲

三代吉金・漢唐樂石拓存　古印窺・楚州宋專拓片　兩書問世

萬貫家財付浩災　苔箋遺墨視瓊瑰　麻榽竹篋海涯路　宇宙晦蒙幸未摧
敗楮殘篇俱是寶　片言只字足堪珍　頻仍戰亂餘灰燼　遺影尠輝繼絕塵
三代吉金補正史　漢唐樂石藝精深　宋磚猶帶戰時血　古印窺知雅頌音

孫學闡微一書付梓　都六十餘萬言　此乃我春秋八十高齡　出版著作四種之三　期以勉中山學術研究所諸子　勤研三民主義學理　利國益民而寫也

民主自由原一脈　新知舊學貴能融　宇間文物萬千緒　天降聖賢化育功
吉光片羽堪珍惜　一句嘉言値萬金　況是遺規成卷帙　蒼蒼事物沐甘霖
眞理深湛經世典　幾人識得箇中情　全民生計提層次　均富安和靡有爭
精湛孫學待闡微　奮勉勤研盡瘁斯　杏雨吹壇風拂市　參乎吾道盼追隨

我生春秋八十　慨乎永言二十八韻

昔時虎虎有生氣　今祝人人壽百年　退向松林茅屋裏　臥聽風暴看雲烟（註一）
六秩能強緣志一　八風不動坐心安　潛修定靜毋思得　萬古蒲團玉宇寬（註二）
雲黯風蕭桐蔭涼　我生未覺九秋長　大庾雪霽景觀好　處處梅花處處香（註三）
少年不識世途艱　老去方知百事難　夢裏乾坤幻裏月　人間有恨水無痕
曾衛危邦入劍門　久戡內亂滯台員　荒唐謬論多詭異　侈放詖辭定一尊
涉水攀山憐繭足　臨淵履薄戒心存　時懷十億同胞愛　殷望消除惱恨根
舌劍唇槍辯士爭　安邦護憲奮忘身　爲而不有明人我　無欲方能直道行
議壇曾是苦行僧　論政評人正義鳴　孤憤艱辛堅執著　最難分際公私衡
我思我在惜殘春　吾土吾民老更親　文教獻身心力瘁　稀微成果敝堪珍（註四）
浮沉政海鄙逢迎　求富執鞭愧吾生　我固清狂尊禮數　畏天畏聖畏大人
人一能之己百之　有涯生命無涯知　詩化人生眞善美　樂夫天命復奚疑（陶句）（註五）
當仁不讓我師尊　對否唯唯後有言　程門立雪違常道　眞理高於第五倫（註六）

水火無情曾兩經　瞬間何處問龜占　來時兇猛去時緩　蕩盡財資苦相侵（註七）
毋怨於人斯謂恕　唐虞用兩執其中　偏陂足以損民益　大德長存色是空
權力誘趨人腐化　政爭導致國恆亡　虔誠禱祝翻然悟　天下爲公華胥鄉（註八）
金權迫患迷茫症　暴富背離文化根　才智耕耘勤奮勉　奈何世俗不堪論（註九）
民豐物阜財恆足　市井頹風迷戀金　欲振聵聾夫子鐸　道心重整濟時深
鬼神邪正永相爭　人獸同源一路行　久歷仕途非魯鈍　奈何聞笛舞輕盈
良藥苦辛利疾病　諛辭迷習豈宜聽　希承上意諂肩笑　禹拜嘉言洽輿情
瞻前省後慨乎言　愚智兩忘仇與恩　今世幾人從繩墨　斯文滋亂活泉源
近年難得幾回笑　憂患劫餘懶展顏　自古學人多寂寞　伏生老去淚痕斑
精湛孫學待闡微　奮勉勤研盡瘁斯　寶典利民誰識得　堯天舜日沐春暉（註一〇）
常使胸中生意滿　江河不廢萬程流　持盈保泰充其實　實至名歸德業優（註一一）
自慚乏術起沉痾　春暖社群貴協和　永憶先賢期勉語　須知世上苦人多（註一二）
道貴存乎養性情　焚香省察昔時行　品偕竹菊俱稱瘦　人與梅蘭一樣清
耄耋才華似未窮　一如懸帛下千峰　只緣俗務勞形體　思有餘盈力不從
淡泊從容見性眞　莫名其妙是爲神　大而化育崇儒術　惜福隨緣晉八旬（註一三）
老農手闢百頃田　日暮肩鋤看夕烟　起臥無時隨興至　悠閑恬適樂餘年

【附註】

註一　予與賢內范坤元女士同庚　六十生朝時　于右任先生贈聯曰　虎虎有生氣　人人壽百年

註二　本詩首二句梁寒操先生祝予六十生朝聯　後二句劉太希居士繪贈無量壽佛題辭要義

註三　八十生朝　出版四種著述　用以追念　先德　兼以自壽并壽吾敬愛親友　一曰三代吉金・漢唐樂石拓存　二曰古印窺・楚州宋專拓本　三曰孫學闡微（上下兩冊）　四曰風雨樓詩歌選粹　奉贈親友　菊傲九秋　梅開五福　天錫遐齡　人享期頤

註四　我思故我在　笛卡兒（Descartes）所造驚句　意在斥古來承傳之思　脫世俗淺質之見　自闢新基　以建設哲學　其說曰　古哲及經典　教我以有神在　我之五官　教我以有外界在　我遽信焉　以爲皆眞　顧此所謂眞　憑何爲證　但一迴思　終成疑念　然而哲學之事　匪以疑爲職志者　疑非止境　而爲入門　必於疑中　求得無可更疑之原理　以此原理爲根基　而建哲學　斯其爲學　然後眞正堅實　不可以撼搖　原理爲何　曰　惟我在　凡百事物　可以一疑了之　獨我之存　而無得疑　即如我疑一切事物是　即一事實　不可以否拒者　既曰我疑　疑即思之一　故我思亦一事實　分明無疑者也　曰有我思　其爲有此有思之我　自亦無可置疑　是故曰「我思故我在」

註五　初試仄起平收法

註六　孔子主張當仁不讓於師　亞里士多德認爲　吾愛吾師　吾更愛眞理　予最反對程門立雪死教育　此間所謂第五倫　乃天地君親師　非孟子五倫也　初試平起仄收法

註　七　予流亡生活中　兩遇水火災害　重慶遭遇火災全家成灰燼　還都經漢口　船遇旋風　江心轉動不可止　領江者意欲逆風靠向北岸　詎料風強浪大　吹向南岸沙灘擱淺　因禍得福　反而安然度過通宵　其靠向北岸之十五艘全部沈沒　思之悚然　哀哉　危哉

註　八　近期政爭激烈　爲四十餘年來罕見　非國家之福　當軸提出天下爲公理念　應有利於息爭要在眞有此胸襟與抱負耳

註　九　台灣民生主義經濟發展帶來富足　導致物質生活提昇　精神文化低落　外人譏爲「富有中的貧窮」　作者目睹　富有億萬斯元　董事長簽名費力像螞蟻蠕動　暴發戶一夕揮霍數萬金醉酒互毆流血滿面　猶自對罵「三字經」　乘坐高級轎車女主人脫去鞋襪　高舉雙足於前座椅背　司機目無行人風馳電掣而過　國際餐廳宴會鬧酒行令　旁若無人　口沫鼻涕　吐在公用毛巾上　令人作嘔　令人嘆息

註一〇　予畢生研究三民主義　著述豐富　并負責指導教學　傳播學理　編撰大專學校教科書　學人學行　義工義舉　小享嘉譽

註一一　予曾獲優良學術著作獎五次　專題研究獎一次　詩伯銀龍獎　詩運獎　詩教獎三次　大學優良教授獎一次　優良雜誌獎一次　友人咸譽爲實至名歸　而予始終不敢承當　虛懷若谷　自認內在不夠充實也

註一二　制憲國民大會在南京集會　陳其采先生書貽一聯曰　常使胸中生意滿　須知世上苦人多　予尊爲座右銘　終生永憶　未敢或忘

註一三　孟子　大而化之之謂聖　聖而不可知之謂神　聖而不可知者　莫名其妙是也　神之所爲無以明其妙　更無從名其妙也

蘇曼殊本事詩

梁寒操書耑

誰道人生似夢幻我言夢幻是
人生萬般世事終如許一到
南柯自在行 逸庵先生詩 秀中畫

三卷　一安擬曼殊本事詩

陳邁子序

夫人生天地之間　莫不稟乎情性　而情之所鍾　又豈獨吾人爲然　宇宙萬有之流　生生不息　變幻無窮　又莫不有其至情在焉　日月之耀其光華　雲霞之呈其絢爛　風雷之宣其聲色　雨雪之施其潤飾　無一而非天之情也　山川之奇其形勝　草木之鬱其芬馥　滄海之壯其波瀾　原巘之茁其灌莽　無一而非地之情也　花如解語　石最可人　春鳥秋蟲　自鳴天籟　此又無一而非自然之情也　至若池塘春草　空梁燕泥　臺榭荒涼　綺歌乍歇　深山月落　朔漠秋高　懷鄉去國　對景銷魂　冷雨飛花之感　飄萍斷梗之悲　極目殘烽廢壘　亂山高下夕陽　人非木石　寧不動於中乎　乃如美人彈箏　壯士橫槊　易水風寒　白虹貫日　吳宮月黯　碧血埋丹　此人情之激越　恆血淚之斕斑　寧不形諸吟詠乎　況兒女至情　本乎天性　靈犀一點　彩鳳雙飛　幽蘭比其芳潔　寒梅喻其清標　斯乃君子淑女之儔　關雎所以爲風詩之始者也　天若有情亦老　月如無恨常圓　碧海蓬山　綠珠紅豆　美人黃土　名士青衫　窺簾留枕之遇　秋水伊人之思　纏綿絲盡　宛轉心傷　紈扇索題　雲箋傳句　若無香奩言情之作

何以遣柔腸百轉之懷　此所以玉谿飛卿之詩　見重於騷壇者也　揆諸數義　乃得以言曼殊上人之詩

上人中土靈根　東瀛誕降　身世畸零　夙有難言之恫　空門遁跡　猶作入世之想　志存匡復　功在開基　痛紅羊蒼狗之辰　念念不忘康濟　丁燕黎蟲沙之劫　殷殷效其雞鳴　儒仁佛慈　傷時憫亂　柔腸病骨　劍膽琴心　窈窕英多　兼涵並蓄　情深萬丈　難抑天涯紅淚之悲　緣結三生　長懷非夢絳紗之慟　斷鴻零雁　感浮生之飄蓬　焚劍碎簪　寓客懷之塊壘　白馬投荒　落葉哀蟬　碧桃花下　春雨樓頭　詞章艷發　秀句天成　迸將血淚　傾其心聲　率至情至性之作　美不勝收　洵爲詩壇別張一軍者也

溯自晚清季世　文風不振　乃有同光體之興　拾宋人之唾餘　沿叔世之頹波　疲癃呻吟　餖飣獺祭　既非沈雄之聲　復尠琳瑯之致　氣勢全無　元音莫覩　而風華蘊藉　艷麗陶怡之美　並失之矣　遂致墨襲舊章　謹守家數　汗牛充棟　無可觀采　可慨也夫　自曼殊之詩出　以其清麗之筆　抒靈秀之雅　秉人性之摯愛　詠時代之興亡　詩多短章　辭簡義贍　鏤心刻骨　寄託遙深　其本事詩尤玲瓏剔透　灑落曼妙　且較定盦爲佳　含而不露　哀而不傷

極哀感頑艷婉約纏綿之致　而超軼絕倫　盡脫凡骨　若不食人間煙火者　舉凡家國之痛　亂離之感　悲天憫人之思　孤臣孽子之志　一一宣之於詩　其一字一句　莫不出自肺腑　以血淚凝結而成　寫燕婉之幽懷　無輕薄之氣習　讀之令人生無限傷心　無窮情思　設非絕代愁人　身世有難言之恫者　何能臻此妙境　加以精通梵文　素耽禪悅　玄理妙參　悟道有得

佛眼觀世　靈哲深藏　信口吟哦　咸涉逸趣　此其所以能不染塵埃　高出於一般詞章之上者也　兼又擅長英語　神欽拜倫之爲人　並雅愛其詩歌　熱情奔放　不可羈勒　壯采飛揚感人至深　此其詩之所以爲世傳誦歷久而不衰者也　並世詞流　間有詆曼殊者　輒謂其詩淺薄而無深味　是不惟不解其人之盡得風流　且不解其詩之直與風騷相接　而爲古詩十九首之流亞也　觀此　亦可以休矣

海洋學院教授蔣一安先生　才華卓越　著作等身　磊落英多　文采炳蔚　有高曠之懷富雅逸之趣　向主文學求眞求美　重情感重想像　尤貴情眞語摯　不失其赤子之心　其詩情辭深至　綺麗天然　絕堆砌艱澀之蔽　無剿襲陳言之陋　類冬郎玉谿之所爲　兼次回莘田之所長者也　其夫人范坤元女史　爲教育專家　雅擅文學　亦耽吟事　鶼鰈情篤　劉樊比美閨中有唱隨之樂　益能啓其情思　發其艷藻　寫錦瑟幽懷　凄楚悱惻　情辭兼至　曜采騷壇

衆所傾折　心儀曼殊之爲人　並酷嗜其詩　寢饋吟哦　夢魂縈繫　一生低首　唯此而已於上人之生平及其詩歌之研究　尤能獨得其奧　而衍其緒　頃出其所擬曼殊本事詩　謀與曼殊燕子龕詩合刊　其空靈妙曼　哀感頑艷　無異曼殊　其纏綿悱惻　燕婉風華　無異曼殊其清詞麗句　旖旎淡雅　無異曼殊　其惘惘深情　爲情顚倒　亦無異曼殊　置之曼殊集中直可亂楮葉　曼殊乎　一安乎　誠可謂一而二　二而一者也　當代詞流　備致讚譽　非深於情者　曷克臻此　非蓬山俊侶　又何能有此雅製　而類此之作　前未之見　振上人之詞華開一代之風氣　其於扢揚風雅　恢宏詩學之功　爲不可沒　于右任先生許爲必傳之作　謂宜

與曼殊燕子龕詩合併刊行　誠信而有徵　讀斯編者　不惟重其詩　且重其人之一往情深　獨立雲表　飄飄若仙　其香草美人之思　義託比興　引類譬喻　綺麗纏綿　詞溫而雅　與靈均玄瑛爲尤近也　是爲序

陳邁子序於中興大學時乙巳七夕

一安擬曼殊本事詩

擬曼殊本事詩一

贈

冰肌玉潔間胭脂　輕啓櫻唇索題詩　贈爾桃花箋一紙　相逢恨不少年時

待

一日三秋信不疑　西廂爽約費猜思　落英無語飄紅淚　芳草多情我自知

迎

笑吐丁香動朵頤　輕搖玉筍展蛾眉　明眸彷彿傳言語　翠袖殷勤奉玉卮

戀

汗濕雙肩香裊裊　東風無賴剪芳菲　低吟一曲長相憶　蝶戀花枝款款飛

啓

錯把音符當鑰匙　啓開方寸啓愁眉　桃腮檀口春無盡　一首新詩一片痴

拒

清脆嬌音一線聞　黃鸝百囀隔林春　千呼萬喚總推托　笑把話機致歎頻

憶

猶憶春蔥挽臂行　難忘秋水吐眞情　曲終人散賦歸去　最怕聞聽道別聲

怨

共憐相憶濃於酒　說到芳名口亦香　料得黃鶯驚午夢　尼龍簾下懶梳妝

憐

夜深僻巷晚風柔　細雨低迷一侶儔　怨艾深含方寸下　梨花寂寞錦楓秋

瘦

自尋苦抑苦尋來　憔悴空虛幾似灰　瘦盡沈郎緣底事　相思一日百千回

何武公云　杜牧多情　傷春惜別　箋贈桃花　吟成白雪

擬曼殊本事詩二

眼波依稀

人道秋分花事少　我家庭院春光多　新泥細雨螢橋路　腦際依稀有眼波

玉梨秀色

玉梨秀色爲誰春　豈用朱丹點絳唇　洗淨鉛華無限麗　不描翠黛見天眞

情種生芽

情種深埋未發芽　風吹雨潤綠無涯　南園徧植相思子　春意闌珊又著花

感性琴音

竹岸琴聲增感性　歌聲柔美啓蛾眉　濃愁萬縷爭排解　化作新詩寄豔姬

千金一擲

慣擲千金謀覿面　方城酣戰只言兵　何時執手冰輪下　披著清輝細語卿

悵無尋處

燕婉幽懷有豔思　裁牋灑淚寄相知　螢橋寂寞懸新月　悵向何方覓淑姿

雲開霽色

雲開霽色碧簾垂　綠水橋平拂柳絲　衣上淚痕牋上字　行行點點記相思

吳頭楚尾

吳頭楚尾繫人思　神合形離勤寄辭　一入情關難解脫　箇中況味兩心知

蕉窗夜雨

客夜愁濃夢不成　挑燈甘願困愁城　蕉窗淅瀝風兼雨　疑是枕邊細語聲

輾轉不寐

意如麻亂手難編　欲罷思潮匪易蠲　知否基隆風雨夜　有人輾轉不成眠

何武公云　丁香作結　蘭麝留芬　蕉窗夜雨　細語疑聞

擬曼殊本事詩三

情海浮沈

陽關道上太匆匆　爲向川端覓影踪　情海浮沈卿與我　天涯涕淚一相逢

體態輕盈

秀髮迎風舞欲飛　綾羅衫子裹三圍　輕盈體態誰相似　趙后楊妃瘦與肥

玉樹臨風

臨風玉樹勢超群　高插雙峯欲入雲　秀外慧中行落落　鑑湖氣概婕妤文

難得相逢

星辰莫笑兩情痴　難得相逢坐水湄　爲待上弦山裏月　不知享受幾多時

幸有人憐

柔荑暗握語綿綿　共慶今宵比並肩　我本風流空自苦　平生幸有一人憐

臥看雙星

紅粉青衫長眷戀　蠻腰潘鬢任厮磨　經年離恨於今掃　臥看雙星夜渡河

忽忽三更

人間無復痴於我　海上難能暱近卿　恨未傾完相戀苦　時針忽忽指三更

月圓月缺

月圓月缺尋常事　人聚人離百感生　露濕羅衫蟬鬢亂　豐盈細潤醉玄瑛

惠我詩文

登車握別復相招　燕語呢喃會晤遙　肯把情懷付紙筆　詩文惠我慰無聊

撩撥離人

色似水晶明似鏡　形如玉玦彎如眉　夜深故故玲瓏透　撩撥離人別後思

何武公云　屏遮六曲　網結千絲　星辰昨夜　相對情痴

擬曼殊本事詩四

那得知

青娥底事鎖蛾眉　秘密深藏那得知　翻盡舌花探弗出　奈何緘口不言辭

難測度

悵立淡江聽水音　誰能測度美人心　靈臺蓮覆方盈寸　卻似清潭百丈深

兩心通

江郎才盡情天裏　莊子風流蝶夢中　紅粉相隨南浦晚　靈犀一點兩心通

欲何之

用情奔放欲何之　有似脫繮野馬馳　飛出人寰三萬里　九霄宮裡莫輕離

高風韻

素若冬梅初綻雪　潔於秋蕙乍披霜　香飄桂子高風韻　露濕芙蓉濺曉妝

有秀姿

縐促青山正搆思　青葱屈倚獨支頤　相逢且莫傷遲暮　塘裏荷蓮有秀姿

悵難分

驚鴻一瞥不留痕　止水生波萬緒紛　盼到相逢翻惘惘　了無數語悵難分

久益堅

傷春勝卻病魔纏　刻骨相思久益堅　妒恨蟾華飛絢彩　偏偏愛向別時圓

怎堪憑

秋風秋雨若爲情　羈旅時聞落葉聲　抱著濃愁尋綺夢　高唐有賦怎堪憑

悔親卿

新愁不寐伴長庚　斬斷思維又復生　況是近來餐事減　擁衾拭淚悔親卿

何武公云　相逢惘惘　相念頻頻　西河伐桂　一謫千春

擬曼殊本事詩五

入煙巒

岡陵茂密鳳凰木　情窄偏逢路不寬　緊挽玉纖艱步履　爲尋幽靜入煙巒

應莫愁

松徑柴扉鎖小樓　竹籬孤犬吠扁舟　翠微深處仙源路　攜得彩鸞應莫愁

心有音

買得蘭舟放碧潯　紅樓旖旎夕嵐沈　偎依屏息癡凝睇　天地無聲心有音

帶微嚬

相偎相倚不勝春　自有憐香惜玉人　倦臥湖山長日盡　惺忪眸子帶微嚬

翠黛低

一對幽禽緣底事　苦來石徑竹間啼　紅樓好夢初驚覺　莞爾相覷翠黛低

恩寵深

月華如畫夜沈沈　倚徧朱闌恩寵深　情到不堪表達處　翻無一語只心音

慣恣放

詩人賦性慣恣放　恕我疏狂舉止輕　愛向芝蘭花下臥　偷霑玉露蜜如醒

潔於繒

斜光窺影透朱櫺　爲愛月明不點燈　比并空階凝望遠　一川煙水潔於繒

偷示意

紅闌干外索橋西　月照花容風動衣　假借秋波偷示意　夜寒露重不如歸

惜分飛

粉臂清輝帶笑揮　橋頭野渡惜分飛　難忘六月十三夜　繾綣私情未忍違

何武公云　紅蘭干外　月色平鋪　斜光窺影　仙乎仙乎

擬曼殊本事詩六

哀怨

無端惹得海潮生　醉酒悲吟淚欲傾　苦度漫長秋夜月　寒螿哀怨伴詩鳴

惝怳

空虛惆悵此低回　惝怳迷離醉綠醅　十日腰圍三寸瘦　沈郎心事費疑猜

自憐

惹得春愁深似海　尋來幽夢淡於煙　香灰蠟淚雙心意　悵望終生只自憐

賦得此詩　淚如泉湧　調箏人曰　讀此詩而啜泣終宵　失眠連夜　枕衾爲濕

緣慳

緣慳覿面竟難謀　人海茫茫不易求　十二金釵無興味　三千佳麗懶凝眸

幸運

近來音信兩疏索　寂寞芳心怎補塡　萬斛風情應未減　文簫幸運識吳仙

感戴

幽室燈青筆有神　疏簾風細錦牋陳　感卿憐愛承卿意　珍惜中年可貴身

吐玉

吟詩愧乏驚人筆　弄墨奇贏佳麗心　我有硯田三百畝　揮毫吐玉寄知音

苦甜

素約腰身楊柳纖　道周握別幾回瞻　而今才識相思味　苦澀兼含蜜樣甜

調箏人曰　非有至情者　不能體會相思眞滋味也

回憶

纏綿固結難分解　語咽西風慘別顏　吟到詩情凄絕處　伊人爲我淚潸潸

盼望

記得煙雲鎖月昏　寵霑玉露感深恩　何時重履名湖路　軟語低沈舊夢溫

何武公云　幽夢難尋　蠟花垂涕　綺思柔情　當今誰繼

擬曼殊本事詩七

離思

靜靜暖江月一丸　離人樹下思無端　中秋丹桂宜攀折　豈待嚴冬凋玉顏

倩影

倩影搖窗似笑嚬　清幽絕俗素心人　神如月射寒江上　仙骨停雲不染塵

索居

沈沈小院影扶疏　寂寂山村賦索居　春夢秋雲常聚散　緣慳難近翠羅裾

悠長

平實幾疑是淡忘　原來含義是悠長　奈何禮法重重在　縱有天長亦渺茫

餘情

餘情意欲酬情侶　撩撥重燃已死灰　心底秋蓮冬更苦　濃愁萬縷鬱難開

背影

崖前小立看垂紳　背影依稀似玉人　怯不勝衣憐弱質　更誰披上霧紗巾

驚豔

紅梅臘月綻寒山　春在卿卿眉宇間　夢斷羅浮尋綺麗　詩人驚豔破朱顏

玲瓏

白淨溫柔體態豐　腰支蛇樣最玲瓏　融酥弱骨肌搏粉　萬斛風情一笑中

軟語

燈黯花嬌軟語微　咖啡馥郁啓心扉　有情有愛無名分　奪線明珠亂滾衣

雪梅

銀覆大千一樹橫　空濛香霧滿園庭　夜深月暗愁無已　白雪紅梅不了情

擬曼殊本事詩八

何武公云　呑日扶桑　移河砥柱　抒寫奇情　蔚成佳句

記夢一

幻境乾坤色是空　襄王豔遇太匆匆　高唐薦席傳神話　雲夢青青十二峯

記夢二

頻頻笑語是香溫　粉背挽人醉眼渾　縱使有歡兼有淚　可憐春夢了無痕

記夢三

情懷幾欲隨泉瀉　仰望懸龍一洗塵　曲線玲瓏眞濟楚　誰能識得夢中人

記夢四

彷彿嬌容笑口開　比肩靜聽吼春雷　移身俯拾藍田玉　說有還無雪滿堆

記夢五

新換摩登曳地裙　天花暗暗吐奇芬　雙眸剪水愁無語　矛盾心思亂似雲

記夢六

意覺迷糊視覺明　梨花帶雨怨嗔生　情絲有似青絲亂　露濕蓮房雪藕陳

記夢七

感情富似長江水　理智明於夜月光　雪嶺攀登尋軟玉　寒梅冷豔溢清芳

記夢八

落花飛絮晚風顛　誤入香溪汲暖泉　忍教海棠經雨後　容光慘淡令人憐

記夢九

長顰有怨口難言　細雨空山正斷魂　無那心頭添重負　歡銷意減亂愁存

記夢十

纏綿膩熱宿心親　幽會還憑夢裏尋　今夜樓臺謀慰藉　一窗燈影兩愁人

何武公云　長顰含怨　短睇流波　巫雲事遠　楚語應訛

擬曼殊本事詩九

非病亦非猖

近來非病亦非猖　何故似呆復似狂　或笑或啼神錯亂　不衫不履日相佯

顛沛益纏綿

忍教往事去如煙　情海無波不易堅　固結心靈成一片　能經顛沛益纏綿

行船莫畏難

不信兩情今已殫　方舟怎免遇沙灘　偶然擱淺終當順　逆水行船莫畏難

似怨太狂生

含顰脈脈有柔情　無那枝頭蛺蝶輕　幾度探花花不語　芳心似怨太狂生

風前泣暮春

腥紅落盡心猶嫩　空向風前泣暮春　卿本鍾情今已已　豈將抱憾到終身

從前勾不斷

連宵非睡亦非醒　心海風狂浪不寧　怎奈從前勾不斷　一顰一笑腦中凝

玉趾也臨除

常流白傅兩行淚　換得青娥一斛珠　我慣碧闌癡坐夜　遙憐玉趾也臨除

深院隔簾窺

因知會晤杳無期　復慮洪喬簡札遺　百里悄然人獨往　高樓深院隔簾窺

念在詩中人

莫名病痛損天君　兩眼暈眩視未勻　枕上仍難靜靜養　只緣念在詩中人

死身不死心

酒海肉林不屑尋　偷香竊玉愧無能　夫差有女韓重戀　縱死身軀不死心

何武公云　猶憑簡札　互通消息　玉壺承淚　松煙漬墨

擬曼殊本事詩十

斷腸聲

頻頻尺素苦叮嚀　忘卻前時一段情　淚墨書成難辨識　似聞滿紙斷腸聲

一情痴

千封魚雁百篇詩　難罄心頭億萬辭　臨水相思無遞處　有誰憐我一情痴

恰似伊

花事今年霪雨誤　階前怎忍踐香泥　春如過翼去無跡　碎玉孤芳恰似伊

正吹簫

識君幾度月輪高　幾度相從過板橋　獨對嬋娟牽舊緒　遙憐弄玉正吹簫

託筆耕

憶昔綵鸞挽袖行　路人妒羨我殊榮　而今憔悴餘雙淚　空把心思託筆耕

不理妝

玉筆花開遍地香　年年四月鼘芬芳　崇朝暴雨容顏損　被髮含珠不理妝

多惹恨

鎖愁埋怨心仍在　泣綠啼紅淚不乾　自是多情多惹恨　一回恍惚一心酸

血染襦

望斷花源尺素書　釵環消息近全無　誰曾領略傷春味　夜夜鵑啼血染襦

勝相親

夜闌無事又思卿　小雨疏風詩味清　猶記別時叮囑語　長留相憶勝相親

鬢漸絲

世事茫茫怎忍期　中年歡樂有餘悲　此情可待成追憶　愁損蕭郎鬢漸絲

何武公云　啼鵑夜夜　損鬢年年　無窮詩味　借此而傳

調箏人答詩

不易收

啓憶瘦憐心喜愛　新詩字字可銷愁　佳章百讀仍嫌少　怒放心花不易收

歎銀河

春花秋月任蹉跎　往者堪嗟來者俄　造化可能偏捉弄　雙星相識歎銀河

識君遲

且恨相逢已嫁時　闌珊春意識君遲　纏綿悱惻花間句　倜儻風流感遇詩

感人深

司馬文君一曲琴　拋磚引玉感人深　此心受盡煎熬苦　怎忍更將煩惱尋

更何求

蜻蜓飛落玉搔頭　又把新愁換舊愁　爾我爭能環境易　友情之外更何求

詩題遍

滿庭紅葉詩題遍　欲乞西風作介媒　夜夜斷腸人不寐　起行步月獨徘徊

濕花鈿

暌違四十有餘天　意興蕭疏只一牋　塵滿奩臺人不起　淚融殘粉濕花鈿

意益棼

夢似疏烟封淡月　情如流水映行雲
予懷渺渺之何所　十指調箏意益棼

流夢幻

相逢遲我十餘年　幸福人生恨已蠲
緣去緣來流夢幻　囊中剩有彩雲牋

著百篇

才如江海筆如泉　瀟灑風流著百篇
多少眞情多少淚　一回吟詠一泫然

何武公云　花鈿染淚　夜月流光　持五色筆　贈與江郎

擬曼殊本事詩由武公品評付梓

曾擬曼殊本事詩　詞壇轟動歷多時　咸言我亦是情種　百首賡來字字癡
海雲初夏綠陰濃　幾樹桃花夾竹紅　多少沉哀頑豔事　悄然埋葬佛門中
誰道人生似夢幻　我言夢幻是人生　萬般世事愁如許　一到南柯自在行
調箏人去月無光　海燕孤棲玳瑁梁　知否枕函紅淚盡　扶桑情斷意猶長
辜負彩鸞戀我情　難忘柳下玉釵盟　一鈎殘月三星亂　升斗爭量舊恨盈
山抹微雲月色昏　生綃尚有舊啼痕　蓬萊往轍知多少　黛綠唇紅未忍論
失戀緣何不自裁　愛詩竭力忍餘哀　感她女弟殷勤意　時詠詞章佛影臺
枕詩不寐待天明　風雨鄰菴怨婦聲　賸有冰清一鉢淚　何時東渡付卿卿
一載相親三載憶　滿腔抑鬱意難伸　憐儂憔悴花源裏　手捧斯篇贈玉人

武公本是多情種　妙筆品評舉世珍　莫笑詞人無賴甚　曼殊應慰永傳眞

次韻酬逸菴每首參用宋人詞意

何武公

繡屏深處解吟詩　正是調箏相對時　往轍沈思如夢裡　京華倦旅總情癡（周美成）
午餘酣睡正春濃　起視花梢日影紅　卻恨重簾能礙眼　清愁幾許寸心中（賀方回）
錦字休題莫莫莫　纔驅愁去又愁生　桃花落盡閒池館　小住如何便欲行（陸放翁）
月明誰與共孤光　千里相思月在梁　素面常嫌脂粉涴　梨花同夢夢應長（蘇東坡）
掃黛塗鉛寫綺情　嫣然一笑眼波橫　步苔幽徑行經處　永憶嬌羞體態盈（劉改之）
候館呼燈野色昏　橋邊紅藥冒春痕　明璫金屋今安在　一舸相攜更莫論（姜白石）
箋傳密意手親裁　笛樣淒清角樣哀　目斷巫雲千疊遠　襄王魂夢繞陽臺（謝無逸）
春去何方跡莫明　黃鸝百囀已無聲　思量約略知春味　寒透羅裳更念卿（黃山谷）
銀瓶綆絕雙簪墮　羅襪凌波一葉伸　回首舊時聯袂處　煙堤鶯柳最宜人（張玉田）
蝶後蟬前年已半　綠陰滿地景堪珍　流光容易成今曩　銀字調箏記憶眞（蔣竹山）

一安擬曼殊本事詩題辭

于右任先生

一安擬曼殊本事詩　艷麗處有如春陽　悱惻處則又似秋雨　用字平實而不俚俗　琢句精鍊而

無堆砌　頗合詩學革命之旨　乃必傳之作也　似可與曼殊燕子龕詩合印流傳

何武公先生

瀛洲詩選搜得擬曼殊本事詩　足使篇幅增輝　余於評于右任先生詩云　三原力主詩學革命　嘗謂近日詩人多走窄路　不獨忘其使命　甚且忘其時代　所謂觀興群怨　古昔采風之旨　不可復得　其見解之宏遠　於此數語見之　今之詩人能負起時代使命者　實不多覯　少數作者　吟風弄月　自我陶醉　甚或拘泥附會　故步自封　摘句尋章　沾沾自喜　此無怪鶩新之徒　詆舊詩爲古董也　然詩之價値　並不因此而貶　吾人果能服膺三原之教　不走窄路　不忘時代使命　以觀興群怨爲出發點　則其詩必能發生箴時勵俗之偉大力量　使詩之優越地位　永遠保持而無廢墜之虞　一安力主詩學革命　與三原最接近　渠謂詩忌堆砌艱澀　脫離時代　蓋走窄路結果　大都與時代背馳也　余於評陳季碩古歡詞云　昔讀靄麓（季碩）北山草覺所作詩詞　創言造句　每於莊雅中含婉約之致　向非晚近所及　古歡詞刻意冶孌　落筆輕靈　與蔣一安先生擬曼殊本事詩　同一沁人心脾之作　兩詩相較　一安以綿麗鮮脆勝　靄麓以窈窕奇兀勝　皆可傳之作也

梁寒操先生

一安仁仲擬曼殊本事詩　讀後使人蕩氣迴腸　信才子情種之作也

王大任先生

擬曼殊詩　清詞麗句　悱惻纏綿　非深於情者　不能道也　余願轉載於新動力詩選　以光篇

幅

周世萬先生

一安擬曼殊本事詩　自抒懷抱　辭近旨遠　聲調鏗鏘　的是佳作　人稱王摩詰詩中有畫　畫中有詩　一安平時吟哦　詩中富哲理　哲理中寓詩意　而此擬作　一反吟筆　窈窕纏綿　純以情勝　佳作在前　不敢率爾操觚　致貽續貂之譏

成惕軒先生

蓬山俊侶　樂衡泌以延年　櫻海妍辭　踵曼殊之遺韻　披尋再四　傾佩實深

胡紹德先生

一安擬曼殊本事詩　清新俊逸　百讀不厭　想曼殊有知　亦定引爲知己也

武葆岑先生

一安擬曼殊本事詩　表現其才情橫溢　筆觸超脫　吟咏再四　意消神往　吳下才名　信不虛也

一安擬曼殊本事詩題詩

何武公先生

花前不賞負佳時　又見鸝歌轉別枝　芳草何曾紉杜若　繁蘐偏是贈將離
紅樓夜雨寒猶在　白墮春醪醉可期　欲浣桃箋頻隔歲　坐牀徒自使人癡

海底沉星夜有聲　佳期迢遞黯傷情　別來雲鬢愁難掩　老去風懷恨未平
一路衣塵何可浣　半彎弦月忽焉明　欲憑青鳥探消息　訊阻蓬山淚眼盈
雨殢雲尤夢亦香　陽台路阻失歡場　柳邊腰作婆娑舞　草畔聲喧紡織娘
捭闔相需當此日　溫柔不住更何鄉　人間離合原無定　破鏡應教泣樂昌
頻催玉漏話尋常　歌管簾櫳促晚妝　倦態向人應悵惋　流光入座總凄涼
鯉魚遙寄遲開匣　蟾魄初生漸透床　海誓山盟何可說　心期回首十星霜
曾共浮槎訪十洲　小紅樓在海東頭　游春馬絡黃金絡　入夜蟾懸白玉鈎
淺笑吳姬陪舞席　同心秦贅結朋儔　紫泥信璽新綈拂　閬苑書來足破愁
花前一笑意嫣然　花外樓台罨曉烟　玉露莫痊消渴疾　金波常照別離天
驕驄陌上遲歸軫　旅雁江南寄遠牋　二十五絃彈未已　休將錦瑟怨華年
瑣牕消息費窮搜　覆雨翻雲事可羞　入夢深情頻懊惱　尋春往景倍清幽
名花伴爾居姑射　芳草煩君遣蹇修　畢竟仙人異凡俗　碧城長駐最高樓
鵲橋枉自渡天西　懊惱歌聲唱大隄　託體何殊留宓枕　燭妖應共照溫犀
紫泥封璽情思曩　翠幰籠陰景變凄　三疊陽關增客緒　花移新苑使人迷

林悟川先生

月影江涵有雁聲　故園回首不勝情　追懷往事腸曾斷　說到胡塵氣未平
不絕朱絃仍寄意　尚留青眼爲誰明　光憐燭滅清輝減　豈待良宵魄始盈

相逢記在泮塘西　十畝紅蓮繞碧隄　待發蘭橈揮玉腕　驚飛睡鴨展匏犀
微波瀲灎心相印　細雨茹聲意轉凄　豈是三生花草夢　霑巾無淚臏魂迷
家風行素處如常　不把荊釵鬪艷妝　耐冷梅心甘寂寞　待明魚目感蒼涼
頻年壓線勞纖指　午夜抛書倚繡牀　挑盡殘燈眠未穩　起看簾外月如霜
卸卻殘妝坐悄然　無憑信誓散如烟　嫁時未悟難爲婦　易地方知別有天
結伴共憐忙壓線　寄情無語可題箋　如今憔悴深燈裏　病思離踪日似年
春衫落拓記當時　如錦繁花半萎枝　聲咽琵琶憐別抱　情深杯酒話將離
白頭慚負他年約　青眼還珍異日期　一紙蕭娘書謝罪　莫因蜜語轉成痴
芳懷長寄百花洲　底事人間歎白頭　調聽黃梅浮玉斝　書傳青鳥滿銀鈎
芝蘭氣味心同契　冰雪聰明孰與儔　莫負佳期永今夕　傷春詞曲令人愁
深苑春光未許搜　嬌花欲放半含羞　柳眉遙憶遠山翠　桃葉應如往日幽
歌扇舞衫憐寂寞　藥爐經卷自潛修　玉壺貯有臙脂淚　摧折梅枝怯上樓
和尚骨寒詩百篇　本來面目詠高賢　偶臨綺席空群相　閒事吟哦寫性天
世上有情原有恨　心中無妓自無緣　風流海上今都散　共許元瑛佛亦仙

楊南孫先生

蓬島棲遲負卻春　廿年長憶襪羅塵　起波古井抽殘繭　隔夢屏山斷錦鱗
枉自猜燈生死感　再難推髻笑啼親　韋皋老去餘唧闕　奚似相如只歎貧

無端錦瑟問華年　絳帳人還號絳仙　柳絮多才憐落拓　杏花未嫁鬬嬋娟
眉痕開鏡容相對　心字熏爐屢不眠　愛讀狂生舊詩句　猶勞親手爲詳箋
露檻風檐芍藥花　幾回醉臥箇儂家　井旁玉虎湔裙引　闕上烏龍舞袖遮
小極生教眉黛蹙　多情最是眼波斜　何堪鼙鼓金城緊　鎮日愁鬟亂綰鴉
天涯芳草怨春歸　撫罷緗絃露濕衣　鰂墨記曾詩十索　鴛幬負卻夢雙飛
尋求玉杵緣猶蹇　乞倩黃衫事亦違　苦恨情根牢未剗　時從畫裏念崔徽

林金標先生

豔妝裊娜柳眉開　笑揭珠簾待爾來　唇似櫻桃居繡閣　行如仙女下瑤台
溫柔鄉裏消寒易　巫峽山中治思催　莫道風流無宋玉　好將心事託良媒
妖嬌美女出東鄰　舞袖輕盈似太眞　春惱情懷身覺瘦　酒添顏色態逾新
坐臨柔水芙蓉亂　立近和風蛺蝶勻　追憶當年曹子建　流傳妙賦洛川神

尹代璋先生

蓬嶠烟月幾多時　剛送殘陽又雨絲　風滿畫樓釵影亂　春回閬苑珮聲遲
蓬山九上勞媒使　彩蝶雙飛入夢思　誰唱傾城歌一曲　何曾譜作合歡詞

陳衡夫先生

幽思無限爲誰牽　難得人同月共圓　酒入歡腸拚獨醉　花開殊艷惹予憐
多情顧魄成雙影　軟語吹蘭看並肩　秋水丰神差可擬　恍如閬苑會神仙

秦勉庵先生

恨豈天公故作成　調箏纖指本多情　春光不放池塘綠　樹色難教體態輕
楊柳含烟嗔便裊　芙蓉浥露笑相迎　夢魂已怯關山遠　枝上黃鶯莫浪驚

紀維綱先生

鈿盒金釵記往年　相思人瘦落花天　宓妃才子空餘恨　天女維摩總有緣
芳草多情春是夢　東風無力柳飛綿　蜀箋錦字殷勤寄　莫負盧家五十弦

李嘉德先生

一安影寫曼殊詩　醉罷暖江苦自持　鯤島有花皆並蒂　蓬山無樹不交枝
獨聞零雁更深夜　又見斷鴻漏盡時　多少新詞贏血淚　可憐今古兩情痴

譚非先生

古井無端起浪紋　曇花開謝尙餘芬　深慚素帳遲劉柳　更愧白頭負卓文
金縷歌終人不見　陽春唱盡我愁聞　莊生祇合化蝴蝶　猶憶巫山一段雲

陳公愚先生

一笑調箏似有情　教人慚煞頰羞生　憐他道韞才多甚　愧我相如曲不成
百首新詩皆險韵　一枰棋局半哀兵　紅顏今已垂垂老　尙待高攀志未更

林鹿笙先生

共說西施與太眞　輕顰淺笑總宜人　痴心空逐驚鴻影　殘夢猶追化蝶身

滄海樓台時變幻　雲烟簾幙每逡巡　卻憐鴛睡終難穩　舊日思情付水濱

李拯先生

白門春色近如何　猶憶離筵折柳歌　瀲灩杯深心共苦　朦朧月冷鬢相磨
塞鴻不至音書絕　海水無情涕淚多　莫爲歸期愁思甚　謫仙行可渡天河

呂申甫先生

臘盡春來淑氣呈　無知草木亦勾萌　陌頭楊柳抽新綠　樓角松篁弄晚晴
謝女不歸空抱恨　蕭郎獨宿更多情　相思咫尺成千里　徒倚闌干待月明

蔡阜南先生

春光洩漏柳居先　草綠江南又一年　難遣愁凝寒雨夜　怎堪勞結暮雲天
梢頭荳蔻香仍在　尺素河魚意莫傳　何事故教乖夙願　夢時歡樂醒潸然

王嵩昌先生

朱唇秀靨自雍容　彷彿仙娥降九重　月下清吟聯句雅　花前細語寄情濃
無緣可證三生石　有夢偏驚五夜鐘　春色惱人眠不得　問天何故會相逢

何麗堂先生

笑靨愁蛾畫不成　眞眞喚得鎭鴻驚　添香曾伴燈前讀　作色常遭酒後抨
椎髻何嘗邢尹避　丫鬟未値燕鶯爭　老來只解梁王懺　偷擬曼殊恐事生

陳正豫先生

白雪紅梅雅澹芳　尋梅賞雪探幽忙　只因繾綣皆沉醉　卻爲愛憐兩縱狂
雨打秋窗夢苦斷　花開春院恨偏長　詞人筆底傷心句　賺得同情淚幾行

溫子瑞先生

吳下才名信不虛　心香一瓣屬曼殊　佳人五體應投地　百首賡來字字珠
倜儻風流杜牧之　惺惺相惜兩情痴　天公若肯成人美　曷不相逢未嫁時

李良才先生

才華七步氣如虹　字字珠璣李杜風　佳作連篇元白品　標高恰與放翁同
句句深情詩百篇　芬芳艷麗更香妍　而今識得元龍手　信口占來勝謫仙
江南江北才人繁　佳作如林似曲園　立德功言稱上品　鬬詩一定中三元

錢濟鄂先生

風流追屈宋　詞筆續春芳　哀豔還珠詠　感人憂鬱腸

逸庵詞長見示擬曼殊本事詩　纏綿悱惻　感人至深　謹集曼殊本事詩句及　逸庵擬作詩句　率成十章　以示佩仰　尚祈　哂正　笑梅疏影拜稿　民國六十七年七月

相逢莫問人間事　不信盧家有莫愁　我亦艱難多病日　三生花草夢蘇州
碧桃花下月如烟　孤負韶光二月天　多少不平懷裏事　背人偷指十三弦
流水棲鴉認小橋　何時歸看浙江潮　莫愁此夕情何限　烟雨樓台夢六朝
搖落秋懷只自知　天涯飄泊欲何之　遺珠有恨終歸海　白水青山未盡思

四山風雨總纏綿　丈室番茶手自煎　詞客飄蓬君與我　漫從人海說人天　以上集曼殊詩句

纏綿悱惻花間句　白雪紅梅不了情　多少眞情多少淚　似聞滿紙斷腸聲

囊中剩有彩雲牋　刻骨相思久益堅　多少沉哀頑艷事　一回吟詠一泫然

月圓月缺尋常事　斬斷思維又復生　自是多情多惹恨　枕詩不寐待天明

落花飛絮晚風顚　瀟灑風流著百篇　吟到新詩淒絕處　忍教往事去如烟

芳草多情我自知　吳頭楚尾繫人思　萬般世事愁如許　百首賡來字字痴　以上集擬曼殊詩句

附錄：蘇曼殊燕子龕詩

本事詩

無量春愁無量恨　一時都向指間鳴　我亦艱難多病日　那堪更聽八雲箏

丈室番茶手自煎　語深香冷涕潸然　生身阿母無情甚　爲向摩耶問夙緣

丹頓裴倫是我師　才如江海命如絲　朱弦休爲佳人絕　孤憤酸情欲語誰

慵妝高閣鳴箏坐　羞爲他人工笑顰　鎮日歡場忙不了　萬家歌舞一閒身

桃腮檀口坐吹笙　春水難量舊恨盈　華巖瀑布高千尺　未及卿卿愛我情

烏舍凌波飢似雪　親持紅葉索題詩　還卿一鉢無情淚　恨不相逢未鬄時

相憐病骨輕於蝶　夢入羅浮萬里雲　贈爾多情書一卷　他年重檢石榴裙（贈以梵本沙恭達羅）

碧玉莫愁身世賤　同鄉仙子獨銷魂　袈裟點點疑櫻瓣　半是脂痕半淚痕

春雨樓頭尺八簫　何時歸看浙江潮　芒鞋破鉢無人識　踏過櫻花第幾橋

九年面壁成空相　指錫歸來悔晤卿　我本負人今已矣　任他人作樂中箏

無題

綠窗新柳玉台傍　臂上微聞菽乳香　畢竟美人知愛國　自將銀管學南唐

軟紅簾動月輪西　冰作闌干玉作梯　寄語麻姑要珍重　鳳樓迢遞燕應迷

水晶簾捲一燈昏　寂對河山叩國魂　祇是銀鶯羞不語　恐防重惹舊啼痕

空言小據定難猜　欲把明珠寄上才　聞道別來餐事減　晚妝猶待小鬟催

綺陌春寒壓馬嘶　落紅狼藉印苔泥　莊辭珍貺無由報　此別愁眉又復低

棠梨無限憶秋千　楊柳腰肢最可憐　縱使有情還有淚　漫從人海說人天

羅幙春殘欲暮天　四山風雨總纏綿　分明化石心難定　多謝雲娘十幅箋

星裁環珮月裁璫　一夜秋寒掩同房　莫道橫塘風露冷　殘荷猶自蓋鴛鴦

寄調箏人

生憎花發柳含烟　東海飄零二十年　懺盡情禪空色相　琵琶湖畔枕經眠

禪心一任蛾眉妒　佛說原來怨是親　雨笠烟簑歸去也　與人無愛亦無嗔

偷嘗天女唇中露　幾度臨風拭涙痕　日日思卿令人老　孤窗無奈正黃昏

調箏人將行屬績金粉江山圖題贈二絕

乍聽驪歌似有情　危險遠道客魂驚　何心描畫閒金粉　枯木寒山滿故城

送卿歸去海潮生　點染生綃好贈行　五里徘徊仍遠別　未應辛苦爲調箏

東居雜詩十九首

卸下珠簾故故羞　浪持銀蠟照梳頭　玉階人靜情難訴　悄向銀河覓女牛

流螢明滅夜悠悠　素女嬋娟不耐秋　相逢莫問人間事　故國傷心祇淚流

羅襦換罷下西樓　荳蔻香溫語未休　說到年華更羞怯　水晶簾下學箜篌

翡翠流蘇白玉鉤　夜涼如水待牽牛　知否去年人去後　枕函紅淚至今留

異國名香莫浪偷　窺簾一笑意偏幽　四珠欲贈還惆悵　來歲雙星怕引愁

碧闌干外夜沈沈　斜倚雲屏燭影深　看取紅酥渾欲滴　鳳文雙結是同心

秋千院落月如鉤　爲愛花陰嬾上樓　露溼紅蕖汲底襪　自拈羅帶淡蛾羞

折得黃花贈阿嬌　暗擡星眼謝王喬　輕車肥犢金鈴響　深院何人弄碧簫

碧沼紅蓮水自流　涉江同上木蘭舟　可憐十五盈盈女　不信盧家有莫愁

燈飄珠箔玉箏秋　幾曲回闌水上樓　猛憶定菴哀怨句　三生花草夢蘇州

人間天上結離憂　翠袖凝妝獨倚樓　凄絕蜀楊絲萬縷　替人惜別亦生愁

六幅瀟湘曳畫裙　燈前蘭麝自氤氳　扁舟容與知無計　兵火頭陀淚滿樽

銀燭金杯映綠紗　空持傾國對流霞　酡顏欲語嬌無力　雲鬢新簪白玉花

蟬翼輕紗束細腰　遠山眉黛不能描　誰知詞客蓬山裏　烟雨樓台夢六朝

胭脂湖畔紫騮驕　流水棲鴉認小橋　爲向芭蕉問消息　朝朝紅淚欲成潮

珍重嫦娥白玉姿　人天攜手兩無期　遺珠有恨終歸海　覩物思人更可悲

誰憐一闋斷腸詞　搖落秋懷祇自知　況是異鄉兼日暮　疏鐘紅葉墜相思

槭槭秋林細雨時　天涯飄泊欲何之　空山流水無人跡　何處蛾眉有怨詞

蘭蕙芬芳總負伊　並肩攜手納涼時　舊廂風月重相憶　十指纖纖擘荔枝

藝文志

一、先聖後聖 其揆一也

一、先聖

儒家之祖爲孔丘，（551-479 B.C.）丘字仲尼，周春秋時魯人。刪詩書，定禮樂，贊周易，修春秋，以傳先王之道，弟子三千人，通六藝者七十有二。生於周靈王二十一年冬十月庚子，卒於周敬王四十一年夏四月乙丑，享年七十有三。

據司馬遷史記孔子世家記載。孔子上溯唐虞之際，下至秦繆者，禮、樂、詩、書是也。所謂「郁郁乎文哉，吾從周。」捨禹、夏之質，而從周之文，所從者即是禮、樂、詩書之文是也。蓋：

禮爲人類外在行爲之規範；

樂爲人心內蘊情操之陶冶；

詩則反映政經社教之隆污；

書則記載歷史演化之事蹟。

是以：

習禮，外在行爲可有規範，不虞越軌；

知樂，內在情操可有平衡，不虞失調；

觀詩，可知得失而有興替，不虞盲進；

讀史，可鑑往昔而有警覺，不虞覆轍。

於此可見：

禮如嚴父，

樂如慈母，

詩如聞聲，

書如面鏡。

倘若不幸：禮崩，則人之行爲失其準繩，彷彿脫韁野馬。如任其奔馳不羈，則社會人群，必將同蒙其害；樂壞，則人之心理亦將憒濊激動，失其清和寧靜之趣，以是聖人所憂者，禮之崩，樂之壞也。

至於詩、書，一則察乎人民耳目之反映；一則鑑於歷史施政之興替。故孔子特別重視禮、樂、詩、書。

漢書藝文志諸子略有云：「儒家者流，蓋出於司徒之官。助人君，順陰陽，明教化者也。游文於六藝之中，留意於仁義之際。祖述堯舜，憲章文武，宗師仲尼，以重其言，於道爲最高。」儒家憑藉六經與仁義，宗奉堯、舜、文、武、孔子，以達到「助人君，順陰陽，明教化」的治世目標，進而達於世界大同之境。

儒家精義，就論語一書探索之，述而篇中有：「志於道，據於德，依於仁，游於藝」之言。

志於道者，心之所之，在於道也；

據於德者，行道而有得於心，執守之弗失也；

依於仁者，無終食之間違仁也；

游於藝者，習禮、樂、射、御、書、數，六藝之學也。

就孔子之學，成爲中國學術文化主流言之，則

道是中國學術之目標；

德是中國學術之基礎；

仁是中國學術之精神；

藝是中國學術之內涵。

所以中國讀書人，修己之後，又欲進而善群；內聖之餘，必欲發爲外王。如是方能達到大學之道——止於至善的境界。儒家教育目標，絕不祇於修身、齊家爲已足，又當趨向於治國、平天下。明白言之：格物、致知、誠意，正心、修身、齊家，不是目標，是過程、是基礎、是條件、是內涵、是達到治國、平天下的過程、基礎、條件與內涵。治國、平天下方是目標，方是立志行道的唯一目標。

儒家固有道德哲學和政治哲學，是全世界文化史上最有價值的人類心性文化的結晶，處此唯物思潮澎湃之際，如果冀圖拯救人類於浩劫之中，必須要以儒家道德思想爲基礎，把物質文化建設在這基礎之上，然後人類前途才可以獲致和平，人類前途才可創造出光輝燦爛的事蹟來。如果一味的迷信武力，迷信物力，迷信權力，迷信一時的利益，則人類必然被自己不正當慾望毀滅得一無所有。

中國國民道德是忠孝仁愛信義和平，在這八德薰陶之下，中華民族，立己則盡分而不渝，愛人則推己而不爭：義之所在，則當仁不讓；利之所在，則纖介無私。不畏強梁，不欺弱小。積五千年治亂興亡，以成就我民族明廉知恥，忍辱負重的德性。惟其明廉，故能循分；惟其知恥，故能自強。循分故不凌侮異族，自強故不受異族的凌侮。惟其忍辱，故民族力量是內蘊的而不是外著的；惟其負重，故民族志氣是持久的而不是偶發的。由此種德性的推演，故中華民族的各宗派及其國民皆能爲大群犧牲小體，爲他人犧牲自我，而養成其自衛則堅忍，處世則和平，更進而以存亡繼絕，濟弱扶傾仁愛之心，行己立立人，己達達人忠恕之道。所以五千年來，東亞各民族或內附而融和，或相依而共保，或獨立而自存，各順其民志民心，各隨其國情民俗，各發展其文化之所長，以貢獻於人類共同的進步。

過去中國對於四鄰，只有民族自衛與存亡繼絕的「義戰」，而沒有侵略的「佳兵」。所以中國反對帝國主義存在於世界，亦決不肯自循帝國主義軌迹，再蹈帝國主義覆轍。進而更要去扶助弱小民族，以盡中華民族天職。此種濟弱扶傾政治哲學，講霸道的國家，那是永遠不可能體會其含義者。帝國主義者是不能體會得「以大事小者，仁也」的道理。但他們卻知道「以小事大」的道理，因爲他們自認爲是「智者」。

儒家道德項目雖多，但可歸納爲上段所說的八德。每一德目，各有深奧理論，然亦可一言以蔽之曰：

報國盡職爲忠；事親敬長爲孝；

宅心惇厚爲仁；推情博濟爲愛；

言行誠實爲信；克己宜人爲義；

融合無間爲和；公正不偏爲平。

八目名詞雖異，本源則無二致，且有一貫性質及關聯意義。即如：自古求忠臣於孝子之門，戰陣無勇，就不能孝順父母。反之，戰陣能勇，甚至墨經從戎，必能爲國家盡大忠，爲民族盡大孝，亦即爲父母盡其孝道。

孝經所論，自衛生立身，以至國家天下，莫非孝道內延外延之事，所以諸德亦可貫諸其中，又如眞能博愛者，必尚和平。和平不是口號，愛好和平，乃是內在修養的表現。一個人處於非常之時，做出非常之事，竭忠爲國，盡心盡力，雖至捨生取義，殺身成仁，亦飴然甘之。古人講忠字，推到極點便是一死。立身行道，揚名後世，對父母言是盡孝，對國家民族言則是盡忠。所以孝經開宗明義就說：「子曰：夫孝，德之本也，教之所由生也。……立身行道，揚名於後世，以顯父母，孝之終也。夫孝，始於事親，中於事君，終於立身。」能行孝道者，必能應境推愛，其餘諸德，亦莫不貫串而並具之。所以有人認爲：孝爲德之本。至於仁，則爲德之總攝。孔子思想中的仁，幾乎是無所不在，亦是無所不包，大至整個宇宙，小到核子中子，無處沒有仁道的存在，亦即是無處不充滿著仁。廣義說，仁是萬物本體，宇宙生機，人與萬物均享有之，乃爲萬物生生不息之基本原理。引用於道德，業已是縮小其範疇。

孔子以爲道德天生具於人心之中，其中心即是仁，統攝諸德，總匯諸德。若就論語言仁之六十八章，可以發現其含忠、含恕、含知、含勇、含禮、含孝、含悌、含愛、含信、含和、含敬、含樂、含廉、含恥。其含義之廣泛，幾乎將固有道德中之八德、四維、三達德等等，全部包羅無遺。是以我們爲政與爲人，祇要掌握住一個仁德，其爲政，必爲人民所擁護；其爲人，必爲社會所愛戴。

二、後聖

中華民國國父　孫文（1866-1925 A.D.），字逸仙，別號中山，廣東省香山縣翠亨村人。爲近代之大思想家。其思想源淵：有規撫歐美者，有因襲固有者。其因襲吾國固有思想最多最大者，莫如倫理哲學。他將中華倫理哲學吸收而融化於各種學術之中。筆者近曾撰述「探究中山先生和道平道思想」一文，分三期刊載於中國文化大學三民主義學報，指出：

中庸是和平的哲學基礎，

和平是中庸的實踐運用。

這篇論文，僅祇是將　中山先生和平哲學融化於其全部學術思想中，將來如有時間，願將其全部倫理哲學思想，融化於其全部學術中者，一一探究之。

中國傳統倫理學行之數千年，維繫中華民族生存，促進中華民族開拓，增益中華民族文化，如能將之融化於各種學術中，必將裨利全世界人類前途。

中國學者以道德爲內在修養表現，西洋亦有近似說法，那就是所謂「人性的自覺」。中西道德含義，雖然一主內在，一主外在。然其同爲利他則一。同由利他爲出發點則一。可遺憾者，則是唯物論者，竟然一變其基本含義，由利他轉變爲利己，爲達利己目的，不惜使用任何手段，以達利己目的——所謂「爲目的不擇手段」是也。

列寧對青年聯合會說：

「我們的道德，是從無產階級鬥爭產生的，共產主義的道德，乃是爲階級鬥爭而工作的道德。凡是有利於階級鬥爭的一切方法，都可採取。」

此乃標準的

「爲目的不擇手段」道德律。

中山則不然。道德觀是從人性利他出發，所謂「理則的感覺」是也。

孫文學說第三章將Logic譯爲理則學。此項意譯，頗富深義。他認爲每個人天生具有理則：

「惟人類之稟賦，其方寸自具有理則的感覺。」

進而申論曰：

「能文之士，精究構思，而作成不朽之文章，則無不暗合於理則者。而叩其造詣之道，則彼亦不知其何由也。是故不知文法之學者，不能知文章之所當然也。」

照其說法，理則是寄存於感覺之中，不是超然獨存，而是與感覺相應而起。天生在人性之中，有其行而不知之道。但是，必得接觸於人，其理乃顯；必得接觸於物（事），其則始現。若將內外關聯溝通，便生知識；若將人我關聯貫徹，便是道德。中山統名之曰「覺悟」：

「惟人類終有覺悟之希望，而物類則永無能知之期也。」所謂內外關聯溝通而生知識，即是說：知識來源，存在於人對物（事）之認識與利用；所謂人我關聯貫徹便是道德，亦即是說：道德來源，存在於人與人相親。人與人相親，非仁道而何？

人際關係，是倫理關係，倫理關係，建築在「仁」道上。

仁者二人，人際關係基於仁。其他道德項目雖多，僉由仁道產生。是以說：「仁爲德之總攝。」

中山明白指出：

「民生爲歷史的中心」。

戴季陶先生體會出：

「仁愛是民生的基礎」。

他更主張將一個人原本潛藏於人性之中的誠道，發揮於外，貫徹智仁勇三達德，以培養全人格。於是，中山將中國固有道德思想，全部融化於三民主義學說之中，并提出：忠、孝、仁、愛、信、義、和、平。八德，作爲全體國民信守之道德標準。認爲此是恢復民族主義精神與地位最好策略。

道德理論積極目的是立己以立人，消極目的是克己以待人。「克己復禮」，意在約束自己履踐道德，而圖有利於他人。

中國傳統道德觀爲何？一曰內在性，一曰利他性。西方學人固有視道德爲「外表風格習慣」（外在性）者，但亦有學人視之爲「人性自覺」（內在性）者，視之爲「光輝」，視之爲「力量」，視之爲「勇氣」者。可是與那唯物主義者道德觀——「鬥爭的技術」（利己性）相較，則大相軒輊。至於由「鬥爭的技術」道德觀，發展出來「爲目的不擇手段」的道德律，則更是背道而馳，永無協調餘地！

道德目的在於利他而非在於利己；乃由於內蘊，而非由於外表，此爲道德之眞諦。亦即是儒家道德觀。愚也不敏，精研道德理論，發現其四項原理：

一曰固執——「擇善固執」，雖斧鉞加身，猶甘之如飴。歷史例證，楮墨難盡。

二曰實踐——「身體力行」，「解衣衣之，分食食之。」篤行踐履，不僅衹是一句「同情」空話而已。同情之餘，要有實際行動，才是中國道德所要求者。

三曰犧牲——「孔曰成仁，孟曰取義。」義所當死，死賢於生；義所當生，生賢於死。

應有捨生以取義者，不應有求生以害仁者。「鼎鑊甘如飴」、「馬革裹屍還」、「戰死沙場骨亦香」、「青山有幸埋忠骨」，視為最崇高榮譽。

四曰奉獻——「施人愼毋念」，而「受施愼勿忘」，「手心向下總比手心向上好」，「施比受更爲多福」。進而言之，受點水之恩，報以湧泉！無條件奉獻，不含絲毫企求。古人認爲「無求於人斯貴，無取於人斯富。」我最近更體會得「無怨於人斯恕」。

儒家道德理論，有人懷疑是相對論，譬如說：父父，子子，君君，臣臣。如果父不父，則子可以不子；君不君，則臣可以不臣！孔子雖然含蓄的指出：「君使臣以禮，臣事君以忠。」由此思想，發展而爲孟子的「君之視臣如草芥，則臣視君如寇讎。」因此而有人懷疑其爲道德相對論。愚則以爲儒家道德思想，固有其相對性，但其最高境界，仍然是絕對性的。其極致乃是片面施予而無要求報答，片面犧牲而無要求回饋。不論對方待我如何，而我總是與人爲善，固執其善。論語顏淵季路侍一章師生對話中可以窺知；禮記禮運篇大同章更可以明白看出。儒家要求我們將愛力無條件奉獻國家，物力無條件奉獻社會，人力無條件奉獻人群。而不望些微回饋。此豈非道德絕對論而何？此與中山爲革命而生，爲革命而死，完全相符。

持此道德觀者，則可促進天賦人性發揚到神性階段，其政、經、社、教境界，和諧安樂，純潔樸質，是乃至神至聖之大同世界也。

三、其揆一也

仲尼無常師，好古敏求，力學而有成。

「吾十有五而志於學，三十而立，四十而不惑，五十而知天命，六十而耳順，七十而從心所欲，不踰矩。」所述其人生歷程，實係自傳。

仲尼爲滿足求知慾，曾分別：

問禮於老聃，問樂於長弘，問琴於師襄，問官於郯子。（詳史記孔子世家與諸子百家考）衛國公孫朝大夫問子貢「仲尼焉師」？子貢答以：「文武之道，未墜於地也，在人，賢者識其大，不賢者識其小，莫不有文武之道。夫子焉不學，而亦何常師之有？」

仲尼以史爲師，以人爲師，以事爲師，以天地爲師。滙爲一家之言，形成儒家學說，影響二千餘年中國人思想，近世更且影響及於全世界。其將垂爲久遠而不墜。

其求知精神爲：「溫故而知新」、「學而時習之」、「好古敏求」。

其求知方法爲：「學而不思則罔，思而不學則殆。」「三人行，必有我師焉。」「見賢思齊，見不賢而內自省也。」

其求知步驟爲：「格物、致知、誠意、正心、修身、齊家、治國、平天下。」按此步驟求取大道理，亦顯示其求知目的在於：「己立立人，己達達人。」

中山亦無常師。二十六歲以前在學期間，最大恩師爲康德黎，香港西醫書院教務長。其直接指出師承的古人「中華之湯武暨美國華盛頓焉。」「至於教則崇耶穌」，「於西學則雅癖達文之道。」（自傳）「中國有一個正統的道德思想，自堯、舜、禹、湯、文、武、周

公至孔子而絕，我的思想，就是繼承這一個正統的道德思想，來發揚光大的。」（與第三國際代表馬林談話）

中山雖師承古聖先賢，但其認爲：

「如能用古人而不爲古人所惑，能役古人而不爲古人所奴，則載籍皆似爲我調查，而使古人爲我書記。」（孫文學說第三章以作文爲證）古書不過是我的資訊，古人不過是我的書記耳。

古今書籍，無所不讀，似無專門，實有專精。對政治、經濟、社會、工業、法律皆篤嗜無倦，不知以何者爲專，邵元沖先生以此相詢，竟以「余無所謂專也」相答，進而告邵：「凡一切學術，有可以助余革命之智識及能力者，余皆用以爲研究之原料，而組成余之『革命學』也。」（治學雜談）

李世民以爲：「以古爲鏡，可以知興替，以人爲鏡，可以明得失。」實際就是以古爲師，即可以知興替，可以明得失。何必拜常師哉！

仲尼、中山僉無常師，好古嗜今，敏以求知。學而能融，思而能化，完成飽富德行的學術理論。以倫理哲學爲經，以經世科學爲緯，滙集大成而爲一家之言。在古今縱橫千頭萬緒學海裡，尋找脈絡，探求眞理。仲尼既凝聚爲格、致、誠、正、修、齊、治、平完成整套哲理於前；中山復將之融滙爲三民主義學術理論及建國方略付諸履踐於后。誠可謂之：

「先聖後聖，其揆一也。」

二、富有社會主義思想的詩聖杜甫生平及其詩

一、前言——「詩是吾家事」

詩是吾家事，人傳世上情。熟精文選理，休覓彩衣輕。（宗武生日）

中國詩壇，歷數千年而不衰。詩風之盛，詩人之衆，無以數計。惟欲舉出乎其類，拔乎其萃者，并不多覯。若欲精選其不廢江河，萬古長流者，亦不過屈（原）、陶（潛）、王（維）、孟（浩然）、李（白）、杜（甫）、韓（愈）、蘇（軾）而已。

屈、陶一則忠君愛國，一則隱逸山林。屈大夫忠君愛國，所作雖感人肺腑，引人共鳴，然離騷九章，儘於瑤池九丘，香草美人；陶令遺世獨立，所作亦多在田園深巷，質樸無華。前者言盡在於八方之表，後者亦祇作避秦之思。王、孟辭藻雖工，然僅擅長律詩、絕句，純詩人而已。韓蘇於詩，雖有獨特造詣，然其成就，則不限於詩，其於古文詞賦，亦皆有所得，當以大文豪目之，而非僅詩人而已也。是則屈、陶、王、孟、韓、蘇之流，於民生疾苦，社會問題，概未嘗措意。於詩道之渾然無涯，亦未能盡窺，因而實亦不能極其大，盡其美。於是

李、杜，乃雙雄并峙、千古艷羨。一則曰詩仙、一則曰詩聖。後人言必稱李、杜，良有以也。

然而「李之作，才矣，奇矣，人不逮矣。索其風雅比興，十無一焉。」白居易已如此批評李白。元稹亦以爲：「是時山東人李白，亦以奇文取稱。時人謂之李杜。余觀其壯浪恣縱，擺去拘束，模寫物象，及樂府詩歌，誠亦差肩於子美。至於鋪陳終始，排比聲韻，大或千言，次猶數百，辭氣豪邁，而風調情深，屬對律切，而脫棄凡近，則李尚不能歷其藩翰，況堂奧乎？」可知李杜雖一時并稱，李之時名亦過於杜，然後世終以杜爲勝李也。元稹以其所好之長篇巨製，稱許老杜，後竟遭元遺山「少陵自有連城璧，爭奈微之識碔砆」之譏。

然工部之勝於太白，後人多持此說，中雖有愛太白而貶工部者，亦僅少數而已。唐子西文錄云：「過岳陽樓，觀杜子美不過數十字爾，氣象閎放，涵蓋深遠，殆與洞庭爭雄，所謂富哉言乎者。太白退之輩，率爲大篇，極其筆力，終不逮也。杜甫雖小而大，餘詩雖大而小。」則又讚賞杜甫之小篇，與元稹之說，觀點正好相反。此皆就形式技巧而言者。

然杜甫之所以自有詩人以來一人而已者，固不僅在此，而是在其「致君堯舜上，再使風俗淳」（奉贈韋左丞丈二十二韻）等忠君愛民所衍發關心社會疾苦，仁民愛物之作品。而其爲窮苦人民打抱不平，對朱門貴人奢侈浪費之口誅筆伐，皆可以說老杜乃爲人生而藝術。是以其詩作，泰半皆以政治、戰爭、歷史、社會爲題材，較之他人之流連光景，沉酣風月，實不可同日而語。

三百篇而後，與杜甫同樣以政治、社會……爲題材之詩人，雖亦不少，然興之所發，多半偶一爲之而已，非如老杜之畢生精力，胥投注於此也。

工部之所見者，無非吾人所常見者；其所感者，無非吾人所易感者；而其所道者，更爲千千萬萬流離失所，窮途坎坷者，所欲道而不能道者。是以工部之詩，無論寫夫婦之愛、寫父子之情、寫君臣之義、寫朋友之誼，或對於社會群衆之憐憫，或對宇宙萬物之關愛。無一不膾炙人口，賺人眼淚。因而杜甫既獲詩聖之名，作品亦得史詩之譽。

自來讀其詩，不知其人，不可也；讀其詩，不知其人之時代背景，亦不可也；讀其詩，不知其人之哲學思想，更不可也。是以研究杜詩，既有必要從其身世生平，探討其作品；更有必要從作品窺研其哲學思想，甫之所以「不廢江河萬古流」者，以其富有社會哲學思想也。

二、「出遊翰墨場」意氣昂揚時期

往昔十四五，出遊翰墨場。斯文崔魏徒，以我似班揚。……（壯遊詩）

杜甫字子美，號少陵，本襄陽人，出生於河南鞏縣之瑤灣。其十三世祖，爲晉鎮南將軍當陽侯杜預。杜預爲京兆杜陵人，預之少子杜耽爲涼州刺史，耽之孫杜遜於東晉初遷居襄陽，而有襄陽杜氏一系。直至杜甫之曾祖父依藝爲鞏縣令，始遷居於河南。由於祖籍出於杜陵，每自稱「杜陵野老」「杜陵諸生」（進封西岳表）者在此。而後世稱之爲「襄陽杜甫」（唐誥）者，據其本籍也。亦有稱「杜拾遺」、「杜工部」者，就其官職稱之也。

杜預多才多藝，文武兼備，人稱之爲杜武庫。除專門研究春秋，有春秋左氏傳杜預注（

阮刻十三經本）傳世外，又通法律、經濟、天算。克吳之役，預爲首功，民間歌頌爲「以計代戰一當萬」，實爲學術政治具有成就之一代通儒，一代名將。而甫之祖審言，與李嶠、崔融、蘇味道，更一時齊名，並稱文章四友。當時詩人沈佺期、宋之問皆重審言，而審言之詩名乃聞於天下。杜甫既有此祖父，因而頗引以爲傲。後來流寓四川時，曾作「贈蜀僧閭丘師兄」稱：

吾祖詩冠古，同年蒙主恩，豫章夾日月，歲月空深根。

晚年在「宗武生日」時吟道：

詩是吾家事，人傳世上情，熟精文選理，休覓彩衣輕。

甫父名閑，爲兗州司馬，奉天令。叔父名并，以甫之祖審言，嘗爲仇家所害。并爲審言次子，因手刃仇人，報父仇，而有「孝童」之稱。甫之母爲崔氏，外祖母爲唐太宗十子紀王愼之孫，義陽王悰之女。崔氏之祖母乃高祖十八子舒王李元名之女，可知甫與唐皇室有密切關係。而甫之外祖母「事存於義陽之誄，播於燕公之筆，中外嗟咨，目爲勤孝。」張燕公義王碑云：「初永昌之難，王下河南獄，妃錄司農寺，惟有崔氏女屝履布衣，往來供饋，徒行頳色，傷動人倫，中外咨嗟，目爲勤孝。」可知甫之父母兩系，皆有以孝烈著名者。自有家世榮譽感，而又爲性情中人，屢屢「憂心腸內熱」者，實以其血液中所流者皆忠孝仁義也。兼以其十三世祖之功業彪炳，其祖之詩名一代，而與唐室又有血緣關係。是以自幼即有「致君堯舜上，再使風俗淳」之抱負。而「法自儒家有，心從弱歲疲」（偶題）也。可爲其身世及生平之寫照矣。

唯杜甫幼而失母，諸弟妹乃繼母盧氏所生，甫幼時多病，寄養於洛陽仁風里之二姑母家中。姑母賢淑，竟至捨己之子，而救活猶子。甫於姑喪時哀慟所作之「唐故萬年縣君京兆杜氏墓志」可知其詳情：

有兄子曰甫，制服於斯，紀德於斯，刻石於斯，或曰：豈孝童之猶子歟，奚孝義之勤若此？—甫泣而對曰：非敢當是也，亦爲報也。甫昔臥病於我諸姑，姑之子亦病，問女巫曰：處楹之東南隅者吉，姑遂易子之地以安我。我是用存，而姑之子卒，後乃知之。

少陵幼有才名，其進雕賦表云：「自七歲所綴詩筆，向四十載矣，約千有餘篇。」可惜所作雖多，少作皆不復存。由壯遊詩，可知少時之一斑。壯遊詩云：

往昔十四五，出遊翰墨場，斯文崔魏徒，以我似班揚。七齡思即壯，開口詠鳳凰，九齡書大字，有作成一囊，性豪業嗜酒，嫉惡懷剛腸，脫略小時輩，結交皆老蒼，飲酣視八極，俗物多茫茫。

開元五年時，少陵家人寄居偃城（今河南偃師縣）曾觀公孫大娘舞劍。大娘手執雙劍，戎裝起舞，詩人大開眼界。其後乃有因見公孫弟子之舞劍而作追憶之詩。及至弱冠，展開豪放之遊歷。「壯遊詩」有云：

東下姑蘇臺，已具浮海航；

到今有遺恨，不得窮扶桑。
王謝風流遠，闔閭丘墓荒；
劍池石壁仄，長洲荷芰香；
嵯峨閶門北，清廟映迴塘；
每趨吳太伯，撫事淚浪浪；
枕戈憶勾踐，渡浙想秦皇。……

除敘述當年遨遊金陵、姑蘇等江浙勝蹟，飽覽南朝文物外，並以不得一渡東瀛為憾。而吳太伯二句，實以當年泰伯之三以天下讓之故實，看馬嵬坡之變及為兩宮各警蹕之事作伏筆，以言今不如古之可嘆。敘述中忽起議論，波瀾壯闊，亦可見甫之所殷望於皇室者。

玄宗二十三年，自吳越北還中原，赴京兆貢舉，不幸落第，因而壯遊詩又有所道：

歸帆拂天姥，中歲貢舊鄉。
氣劘屈賈壘，目短曹劉牆；
忤下考功第，獨辭京尹堂。

新唐書本傳於此亦言：「甫……客吳楚齊趙間，李邕奇其材，先往見之。舉進士，不中第，困長安。」此次落第為其仕途不遇之始，觀其「氣劘屈賈壘，目短曹劉牆。」可知在這之前，杜甫原目空一切，而落榜後，依然瀟灑自如，浪遊齊趙。「壯遊詩」又云：

放蕩齊趙間，裘馬頗清狂，春歌叢臺上，冬獵青丘旁，呼鷹皂櫪林，逐獸雲雪岡，射飛曾縱鞚，引臂落鶖鶬，蘇侯據鞍喜，忽如攜葛彊。

唯此種歡樂時日，以後不復再得，彌足珍貴，而予記載。此時亦留下「望嶽」詩一首，可見其志：

岱宗夫如何，齊魯青未了，造化鍾神秀，陰陽割昏曉；盪胸生層雲，決眥入歸鳥，會當凌絕頂，一覽眾山小。

頗有當年孔子：「登東山而小魯，登泰山而小天下」之氣魄，而此數年由吳越而齊魯之遊歷，亦正如太史公之「南遊江淮，上會稽，探禹穴，闚九嶷，浮於沅湘，北涉汶泗，講業齊魯之都，觀孔子之遺風，……過梁楚以歸。」歷覽南北之風物，胸懷自是不同於世人。是以其後杜甫雖困阨於長安，窮苦於秦州，顛沛於西南，屢屢流離困頓於途次，皆能不改其心志者，實與此次行萬里路所涵養之胸襟有關也。此時更值一提者，乃天寶三四年間，與李白相處，頗有一段時日。李白長甫十一歲，文名已天下盡聞，時杜甫於太白其人其詩甚爲嚮往，當時高適亦失意來此，三人因同至梁、宋（河南之開封、商邱）縱馬暢飲。追憶同遊梁州時，有「遺懷詩」云：

憶與高李輩，論文入酒壚。
兩公壯藻思，得我色敷腴。
氣酣登吹臺，懷古視平蕪。
芒碭雲一去，雁鶩空相呼。

記宋州之游有「昔遊」之詩。（二詩皆作於夔州時）

昔者與高李，晚登單父臺；
寒蕪際碣石，萬里風雲來；
桑柘葉如雨，飛藿共徘徊；
清霜大澤凍，禽獸有餘哀。

李、杜之交往，仙、聖聚會，是中國詩壇之一大美事，然當時太白聲譽，如日中天，而杜甫仍困蹇於科場，二人之時名，固有雲泥之別。是以杜甫集中懷李、寄李之作，有四十多首，而李白集中關於杜甫之詩則較少。後代好事者文集中，有太白戲贈杜甫之詩云：

飯顆山頭逢杜甫，頭戴笠子日卓午；
借問別來太瘦生，總爲從前作詩苦。

此詩不見於太白集。乃載於孟棨之唐本事詩。詩雖不可信，然實亦二人詩風有異，好事者因而作此附會。錢牧齋注杜詩略例曰：「飯顆山頭一詩，雖出於孟棨本事，而以譏其拘束，非通人之譚也，吾亦無取焉。」其後甚而有批評家以爲：杜甫慕太白之風，亦思學之而不可得；待後得知太白之詩欠缺思想性及社會性，因乃在此方面深下功夫，建立自己之風格。

此或可知，李杜交往，李之年齡才名既大於杜，當予杜甫某些刺激與啓示，此亦不足爲子美諱。蓋李白既天下聞名，自是當世詞宗，杜甫若不能有此創作上之自覺，則其社會思想濃厚之詩，又何以能篇篇流傳，播騰天下？太白實亦未嘗忽視杜甫。否則何以一而有「沙丘城下寄杜甫」曰：

魯酒不可醉，齊歌空復情，思君若汶水，浩蕩寄南征。……

再而有「魯郡東石門送杜二甫」曰：

秋波落泗水，海邑明徂徠，飛蓬各自遠，且盡手中杯。

當然杜甫此時除放歌齊魯外，已開始因一己之遭遇而反省當時之現實社會矣。

二年客東都，所歷厭機巧；
野人對羶腥，蔬食常不飽，
豈無青精飯，使我顏色好，
苦乏大藥資，山林跡如掃。
李侯金閨彥，脫身事幽討。
亦有梁宋遊，方期拾瑤草。

末雖有拾瑤草之欲遊仙，然而其根源乃在東都所遇機巧之使人厭，其後杜甫並不與李白相同，放酒高歌者，寧非其年少之家學與遊歷有以致乎？

「臨邑舍弟書至苦雨」一詩，乃爲集中關心社會之始：

二儀積風雨，百谷漏波濤。聞道洪河坼，遙連滄海高，職司憂悄悄，郡國訴嗷嗷。
……吾衰同泛梗，利涉想蟠桃，賴倚天涯釣，猶能掣巨鰲。

此詩作於天寶四年，因黃河泛溢隄防之患，而其弟爲簿領有防川之憂，因而有詩。末之

「賴倚天涯釣」，雖發奇想，亦可見其為黃河岸之災民而謀方法也。

詩作之時，李白已別往江左，杜甫則北上齊州。臨邑在齊州，杜甫有「暫如臨邑詩」作於天寶四年。其後又曾訪北海李邕，遊歷下亭，如此於齊趙「快意八九年」，乃於天寶五年，三十五歲時「西歸到咸陽」。進入京城，開始「殘杯與冷炙，到處潛悲辛」的生活。

三、「到處潛悲辛」長安謀食時期

騎驢十三載。旅食京華春。朝扣富兒門，暮隨肥馬塵。殘杯與冷炙，到處潛悲辛。（奉贈韋左丞丈二十二韻）

杜甫於天寶五年入京前，張九齡已因其耿介而遭李林甫陷害，貶為荊州刺史。林甫向以口蜜腹劍著名，將異己驅逐殺害。天寶六年，玄宗下詔令有一藝之長者，前往應試時，林甫竟以一己之私利，不惜盡黜所有應考者，反而向玄宗表賀：「野無遺賢」。以示在朝同黨者，方是賢者。用此欺媚君上，堵塞賢路。

杜甫當時與元結皆曾前往參加，亦因此一騙局，更知當時社會政治之不堪。其「奉贈鮮于京兆」有云：

破膽遭前政，陰謀獨秉鈞，微生霑忌刻，萬事益酸辛。

元結諭友有文，述此事頗要：

丁亥中，詔天下有一藝者，皆詣京師就選，林甫奏待制者，悉令尚書考試，已而布衣之士，無有第者，遂表賀野無遺賢。

此次雖爲杜甫貢舉後之二次挫折，然予其打擊，實最爲嚴重。而甫乃爲一己之生活，不得不以詩干謁當時之顯要。當時有不少長篇排律，皆冀望以一己之詩才與壯志，期得在上位者之垂青，其最著者如「奉贈韋左丞丈二十二韻」。此詩道出杜甫於長安時日之艱辛。由於經歷此種時日，更能了解貧苦人民之酸辛。詩云：

紈袴不餓死，儒冠多誤身。丈人試靜聽，賤子請具陳。……自謂頗挺出，立登要路津。致君堯舜上，再使風俗淳。此意竟蕭條，行歌非隱淪。騎驢十三載，旅食京華春，朝扣富兒門，暮隨肥馬塵。殘杯與冷炙，到處潛悲辛。……竊效貢公喜，難甘原憲貧。焉能心怏怏，祇是走踆踆。……

另有「贈比部蕭郎中十兄」詩亦作相同之言。蕭某爲其從姑之子，於杜甫爲表兄。詩云：

見知眞自幼，謀拙愧諸昆……漂蕩雲天闊，沉埋日月奔，致君時已晚，懷古意空存。」

以甫之才學抱負，如此之深且高，卻不遇，無怪乎其一而云「儒冠多誤身」；再則言「懷古意空存」。頗似陶淵明之「冰炭滿懷抱」。亦皆不得已而有言也。

天寶九年，宗文出生，子美急欲在此時有所作爲，以時年已將四十歲。四十而不仕則不易再仕，故進三大禮賦。三大禮賦辭氣雄奇，直接兩漢之文，玄宗見而奇之，命其待制集賢院。時集賢院學士皆來圍觀，然其後終歸空歡喜一場。「秋述」有云：「我，棄物也，四十無位。」可見其感慨。是年秋，長安苦雨，毀民屋無數，少陵臥疾旅舍，屋內青苔連於床前，床下積水生魚。時陰濕既侵肺，面容復消瘦，潦倒如此，過友人王倚家受其招待，歌以言慨：

麟角鳳嘴世莫識，煎膠續絃奇自見，
尚看王生抱此懷，在於甫也何由羨。
且過王生慰疇昔，素知賤子甘貧賤。
酷見凍餒不足恥，多病沉年苦無健。
王生怪我顏色惡，答云伏枕艱難遍。
瘧癘三秋孰可忍，寒熱百日相交戰。
頭白眼暗坐有胝，肉黃皮皺命如線。
惟生哀我未平復，爲我力致美肴膳。……
但使殘年飽喫飯，只願無事常相見。

語語酸楚，令人動容。「長安居，大不易。」以杜之才華如此亦不免，是以杜甫於此種不公平之社會情況，因自己之體驗，益有較深之認識與感慨。「樂遊園歌」因而有：

卻憶年年人醉時，只今未醉已先悲！數莖白髮那拋得，百罰深杯亦不辭。
聖朝已知賤士醜，一物自荷皇天慈。此身飲罷歸無處，獨立蒼茫自咏詩。

於遊宴之後突而大發議論。亦可見其內心之不平。其後「示從孫濟」說道：

所來爲宗族，亦不爲盤飧，小人利口實……同姓古所敦。

之感嘆旁人之冷嘲熱諷，蓋殘杯冷炙，處處悲辛，乃至於在從孫家亦皆有閑話。而「杜位宅守歲」，亦有所言：「四十明朝過，飛騰暮景斜，誰能更拘束，爛醉是生涯。」感於年已四十而不得志，反觀從弟杜位，貴爲李林甫之婿而炙手可熱。此時發此牢騷之名篇尚有「曲江三章章五句」，詩云：

自斷此生休問天。杜曲幸有桑麻田，故將移住南山邊。短衣匹馬隨李廣，看射猛虎終殘年。

因不得志而有歸田園居之意，然而甫並未就此退隱，於國事依然關切，於社會依然注意。因而寫下擲地有金石之音的「兵車行」，以志兵禍連結下，民生疾苦之一斑。茲錄「兵車行」於后：

車轔轔，馬蕭蕭，行人弓箭各在腰。
耶孃妻子走相送，塵埃不見咸陽橋。
牽衣頓足攔道哭，哭聲直上干雲霄。
道旁過者問行人，行人但云點行頻。
或從十五北防河，便至四十西營田。
去時里正與裹頭，歸來頭白還戍邊。
邊庭流血成海水，武皇開邊意未已。
君不聞漢家山東二百州，千村萬落生荊杞。
縱有健婦把鋤犁，禾生隴畝無東西。

況復秦兵耐苦戰，被驅不異犬與雞。
長者雖有問，役夫敢伸恨？
且如今年冬，未休關西卒。
縣官急索租，租稅從何出？
信知生男惡，反是生女好。
生女猶得嫁比鄰，生男埋沒隨百草！
君不見青海頭，古來白骨無人收。
新鬼煩冤舊鬼哭，天陰雨濕聲啾啾！

將唐室開邊，連年苦戰之民間苦痛，依眞實而深刻的描繪。軍人出征，親人哭送，生離死別，有去無回之慘劇，躍然紙上。此方唐室盛世，而有此象，早已預伏後之亂源！果然不久，安史叛亂，詩人銳眼，早已見及之矣。玄宗而後二百年天下，竟有二十八次大亂，當時之政治腐敗荒淫，種下兵燹饑饉相繼之病根，可慨也夫！

其後作前後「出塞」，可謂同一性質作品：

君已富土境，開邊一何多？
骨肉恩豈斷，男兒死無時。
軍中異苦樂，主將寧盡聞。
苟能制侵陵，豈在多殺傷！

……………，……………。

此皆本於人道主義而有所感！甫雖年老，貧困失業，「生常免租稅，名不隸征伐。撫跡猶酸辛，平人固騷屑。」然而於人民所遭遇之痛苦，猶如己身感受，憤慨填膺，冀求改革，此正表現其社會思想之偉大崇高也。

玄宗寵貴妃，貴妃一門隨而顯赫，偶有出遊，驚動都城。甫於天寶十二年春，見諸楊出遊曲江。感慨之餘，而作「麗人行」。寫盡衣飾絲綢之豪華奢靡，及飲食珍饈之舖張浪費。文筆犀利，入木三分。語雖含蓄，氣則不平。末句幽默諷刺，涵意無窮！蓋身處專制時代，雖有憤懣之氣，亦不能流露於外也。「麗人行」末節有云：

簫鼓哀吟動鬼神，賓從雜遝實要津，後來鞍馬何逡巡，當軒下馬入錦茵。
楊花雪落覆白蘋，青鳥飛去銜紅巾，炙手可熱勢絕倫，愼莫近前丞相嗔！

正當貴戚之家，傾動天下之時，同年秋天，長安因久雨米貴，直至十三年春依然無何改善，貧民維羅太倉粟減價之米，日五升，杜甫時與廣文館博士鄭虔相善，兩人亦同羅太倉米，因而有詩，與「麗人行」之對比甚爲鮮明。「醉時歌」云：

諸公袞袞登臺省，廣文先生官獨冷。
甲第紛紛厭粱肉，廣文先生飯不足。
先生有道出羲皇，先生有才過屈宋。
德尊一代常坎坷，名垂萬世知何用。

杜陵野老人更嗤，被褐短窄鬢如絲。
日糴太倉五升米，時赴鄭老同襟期。
得錢即相覓，沽酒不復疑。
忘形到爾汝，痛飲眞吾師。
清夜沉沉動春酌，燈前細雨簷花落。
但覺高歌有鬼神，焉知餓死塡溝壑。
相如逸才親滌器，子雲識字終投閣。
先生早賦歸去來，石田茅屋荒蒼苔。
儒術於我何有哉，孔丘盜跖俱塵埃。
不須聞此意慘愴，生前相遇且銜杯。

痛苦之中，而有此悲涼之作。既同情鄭虔之有羲皇屈宋之美而坎坷度日，復自傷久貧不仕，爲人嗤笑，因而發爲議論，自是令人動容。此外「城西陂泛舟」即略近於「麗人行」之意，「青蛾皓齒在樓船」恐即「麗人行」之「長安水邊多麗人」，而「不有小舟能蕩槳，百壺那送酒如泉。」依然刺其奢靡也。至於「渼陂行」雖一時歡樂無比，然雷雨隨時即至，因而末句有樂極生悲之意：「咫尺但愁雷雨至，蒼茫不曉神靈意，少壯幾回奈老何，向來哀樂何其多。」除借風雨不時而至，感慨一己之身世外，恐亦借此而憂天下大事也。是年（天寶十三年）秋天，霪雨不止。「九日寄岑參」復有所感慨：

出門復入門，兩腳但如舊，所向泥活活，思君令人瘦，……

吁嗟呼蒼生，稼穡不可救！安得誅雲師，疇能補天漏。

大明韜日月，曠野號禽獸，君子強逶迤，小人困馳驟。

維南有崇山，恐與川浸溜，是節東籬菊，紛披爲誰秀？

於詩中所言誅雲師，補天漏，韜日月等，實喻朝政不清明；號禽獸，又指祿山之亂將生；君子逶迤，小人馳驟，則又指百姓之困苦。關心國事而由此發之，與通鑑所載可作比對。通鑑云：「天寶十三載秋八月，霪雨傷稼，國忠取禾之善者獻之。高力士侍側，上曰：霪雨不止，卿可盡言。對曰：「自陛下以權假宰相，賞罰無章，陰陽失度，臣何敢言。」由此更可知杜甫之詩意。果然一年之後而安史之亂發。此時尚有「秋雨嘆」三首以誌其慨。「秋雨嘆」一則云：

堂上書生空白頭，臨風三嗅馨香泣。

再則云：

禾頭生耳黍穗黑，農夫田父無消息。城中斗米換衾裯，相許寧論兩相直。

三則云：

秋來未曾見白日，泥汙后土何時乾。

秋雨如此，生理實艱，因更進封西嶽賦，仍思有所用。終於無所得，而作「天育驃騎歌」：

如今豈無騕褭與驊騮，時無王良伯樂死即休。

暗指有眞才者，不易遇知音，寄託自己。

天寶十四年初安祿山又破奚、契丹，四月又請徵東京兵赴薊門，朝廷竟曲意從之，予祿山以造反之助力。詩人既窺其反象漸露，因作詩以諷之。「後出塞」云：

主將位益崇，氣驕凌上都。邊人不敢議，議者死路衢。

坐見幽州騎，長驅河洛昏，中夜間道歸，故里但空村。惡名幸脫免，窮老無兒孫。

安某之擴張勢力如此，而主上猶矇蔽不知，亦可嘆也。而民生之疾苦，更爲杜甫所欲陳述。

十月回長安，除爲河西尉，不就，實有感於高適爲封丘尉之詩：

只言小邑無所爲，公門百事皆有期，拜迎官長心欲碎，鞭撻黎庶令人悲。

其後乃因念及家人而前往奉先。有長詩詠懷，實爲杜甫於一己之生平及國計民生之看法作一申述。爲安史亂前長安十年之一總結。於在上者之荒淫與在下者之苦痛，更有詳細鮮明對照之描述。「自京赴奉先縣詠懷五百字」云：

蚩尤塞寒空，蹴踏崖谷滑，瑤池氣鬱律，羽林相摩戛，君臣留懽娛，
樂動殷膠葛。賜浴皆長纓，與宴非短褐。彤庭所分帛，本自寒女出，
鞭撻其夫家，聚斂貢城闕。聖人筐篚恩，實欲邦國活，臣如忽至理，
君豈棄此物？多士盈朝廷，仁者宜戰慄。況聞內金盤，盡在衛霍室。
中堂舞神仙，煙霧蒙玉質。煖客貂鼠裘，悲管逐清瑟。勸客駝蹄羹，
霜橙壓香橘。朱門酒肉臭，路有凍死骨。榮枯咫尺異，惆悵難再述。

……

豈知秋禾登，貧窶有倉卒。生常免租稅，名不隸征伐。撫跡猶酸辛，

平人固騷屑。默思失業徒，因念遠戍卒！憂端齊終南，澒洞不可掇。

詩中「朱門酒肉臭，路有凍死骨」兩句，流傳最爲廣泛而深遠。當是受孟軻向梁惠王解說王道政治所說：「庖有肥肉，廄有肥馬，民有飢色，野有餓莩」蛻變而來，乃本於儒家仁政之人道主義思想。同樣的有人權：一則如此，一則如彼，「榮」「枯」大異，惆欲無言，還是不得不言。

社會景象，貧富懸殊，自己遭遇堪憐，迷失方向者之處境亦堪憂！人心不平，造成社會與政治動亂！後日變局，業已潛隱深藏禍種，當局者不自知耳。悲天憫人之社會詩人，慧眼早見及之矣！

四、「國破山河在」安史叛亂時期

國破山河在，城春草木深。感時花濺淚，恨別鳥驚心！烽火連三月，家書抵萬金。

白頭搔更短，渾欲不勝簪。（春望）

天寶十四年十一月安祿山起兵以聲討楊國忠爲名，史思明和之，未及兩月，攻陷東都洛陽，稱大燕皇帝。安史皆爲胡人，爲明皇派往邊疆之節度使。祿山反意久萌，而朝廷仍曲意姑息，一發遂難以收拾。而後朝廷派歌舒翰領兵守潼關。歌舒年老有風疾，於天寶十五年六

月七日，因楊國忠之一意催促，只得痛哭出關迎敵，果如預料，一戰喪師，潼關失守，白水淪陷，時爲六月九日。同月十二日，玄宗倉皇率皇親貴胄出延秋門，逃難入蜀，此爲盛唐之一大變局，自後國勢一蹶不振。而詩人亦由此飄泊西南天地間，寫出更多關心社會，痛心國家，可歌可泣之偉大詩篇。

方潼關城破，局勢突變之時，杜甫逃亡，幸經表姪王衎之相救，始得脫險，而與妻兒會合。逃至彭衙（白水東北六十里）。一路雷雨交加，泥濘難越，兼又荒山月照，飢女啼哭。杜甫感慨繫之，後有「彭衙行」追憶此事，亦可想見當時顛沛慘狀。詩云：

憶昔避賊初，北走經險艱。……一旬半雷雨，泥濘難牽攀，既無禦雨備，徑滑衣又寒，有時經契闊，竟日數里間，野果充餱糧，卑枝成屋椽。……

其後由同（周）家窪經華原、三川而至鄜州。經三川時霪雨釀成洪泛，萬家哭聲，震動少陵心弦，乃有「三川觀水漲二十韻記事」，此爲直記當年之事，詩中杜甫一如逃難者。

我經華原來，不復見平陸，北上惟土山，連天走窮谷，火雲無時出，飛電常在目，自多窮岫雨，行潦相豗蹙。

其後杜甫知肅宗即位靈武，乃由羌村回延州，暫住小河，（南河，又名牡丹河）欲出蘆子關奔往行在所，不料此時胡兵已至陝北，中途陷賊，押往長安，此時杜甫或因名聲不顯，或因身分掩藏，並未爲賊兵注意。視同一般難民，因而得以伺機逃出。於長安之時，杜甫眼見兵荒馬亂，國家殘破，王孫流落，一片蕭條，因而寫下「哀王孫」、「悲陳陶」、「春望」、

「哀江頭」等感傷時事之名作。

哀王孫云：

長安城頭頭白烏，夜飛延秋門上呼，又向人家啄大屋，屋底達官走避胡，金鞭斷折九馬死，骨肉不得同馳驅，腰下寶玦青珊瑚，可憐王孫泣路隅。問之不肯道姓名，但道困苦乞爲奴！已經百日竄荊棘，身上無有完飢膚，高帝子孫盡龍隼，龍種自與常人殊，豺狼在邑龍在野，王孫善保千金軀，不敢長語臨路衢，且爲王孫立斯須，……哀哉王孫愼勿疏，五陵佳氣無時無。

詩中一片忠悃，乃因見王孫之流落，感傷皇室而來，其後房琯帶兵請復兩京，中、北兩路與賊將安守忠戰於咸陽東之陳陶斜，一戰而敗，死亡四萬多人，詩人作詩以嘆其事：

孟冬十郡良家子，血作陳陶澤中水，野曠天清無戰聲，四萬義軍同日死，群胡歸來血洗箭，仍唱胡歌飲都市，都人回面向北啼，日夜更望官軍至。

此時房琯屯兵青坂，監軍宦官頻催出戰，又敗。杜甫更作悲青坂一首：

我軍青坂在東門，天寒飲馬太白窟，黃頭奚兒日向西，數騎彎弓敢馳突。山雪河水野蕭瑟，青是烽煙白是骨，焉得附書與我軍，忍待明年莫倉卒。

乃責房琯不應倉卒出戰，此時戰鼓處處，而家室恨無消息，唯城中之草木因春而發，詩人見此，感而作千古絕唱之「春望」。

甫於詩中表達其內心之感慨：變動之人世與永恆之自然，大有差異，人既爲大自然之一，何以不能依自然之軌道而生活？何以不能依人倫之規範而團聚？因而獨自潛行江頭，興起昔日曲江濱之盛況，而有「哀江頭」一首：

少陵野老呑聲哭，春日潛行曲江曲，江頭宮殿鎖千門，細柳新浦爲誰綠，憶昔霓旌下南苑，苑中萬物生顏色，昭陽殿裡第一人，同輦隨君侍君側，……明眸皓齒今何在，血污遊魂歸不得，清渭東流劍閣深，去住彼此無消息，人生有情淚沾臆，江水江花豈終極，黃昏胡騎塵滿城，欲往城南望城北。

此時念及貴妃昔日之盛，與「麗人行」之寓諷刺不同，撫今追昔，因寄感慨。尤以於胡兵窺伺之餘，不敢放聲痛哭，掩抑之情貫穿全詩，讀之令人倍增傷感，感於戰禍社會之殘破，感於天寶盛事之不再也。

在長安時，復有「雨過蘇端」：「雞鳴風雨交，久旱雲亦好。」之詩。及「大雲寺贊公房」：「泱泱泥污人，訢訢國多狗」之句。乃感於蘇端之爲亂時知己，僧人贊公之助其逃亡而作。此年四月方由長安西城金光門奔向鳳翔。

此時潘橋守將郭子儀與賊兵安守忠等相峙於長安清渠附近。甫冒九死一生之險，由此對陣之隙縫中逃出，終於到達行在所，而有「喜達行在所」三首，記沿途之顛沛困頓，及預祝朝廷之中興，詩云：

西憶岐陽信，無人遂卻回。眼穿當落日，心死著寒灰。
霧樹行相引，連山望忽開。所親驚老瘦，辛苦賊中來。

愁思胡笳夕，淒涼漢苑春。生還今日事，問道暫時人。
司隸章初覩，南陽氣已新。喜心翻倒極，嗚咽淚霑巾。
死去憑誰報，歸來好自憐。猶瞻太白雪，喜遇武功天。
影靜千官裏，心蘇七校前。今朝漢社稷，新數中興年。

一首之「霧樹行相引」，二首之「生還今日事」，三首之「死去憑誰報」，實極盡沿途顚沛流離，生死一線之隔耳！若非親身經歷，焉能道出？此所以杜甫富有社會主義思想，關心人民之生活苦痛者也。

杜甫既到靈武，五月十六日，肅宗命爲左拾遺，「唐誥」載：

襄陽杜甫，爾之才德，朕深知之，今特命爲宣義郎行在左拾遺，授職之後，宜勤是職，毋怠。

而此時房琯兵敗陳陶斜，因而肅宗貶爲太子少師。甫上疏言琯罪細，不宜黜免。上怒，詔三司推問。韋陟因言甫雖詞涉激烈，然未失諫臣體。張鎬救之，幸未窮究。然其欲「致君堯舜上」之心願，就此破滅。此乃因肅宗對甫間隙既生，不會重用。唯詩人卻以此諫諍而留名青史。「壯遊詩」云：

斯時伏青蒲，廷爭守御牀，君辱敢愛死？赫怒幸無傷。

雖遭君辱，杜甫仍思有所表現，除極諫外，並推薦賢良如岑參等。而此時「送樊侍御赴漢中判官」，「送韋評事充同谷判官」，「送郭中丞隴右節度使」，「送楊判官使西藩」，

「送靈州李判官」等詩。皆能注意敵我形勢，並勖勉對方以匡濟時事爲己任。此時有「述懷」一首，最能述其時之遭遇與心境：

去年潼關破，妻子隔絕久，今夏草木長，脱身得西走，麻鞋見天子，衣袖露兩肘，朝廷愍生還，親故傷老醜，涕淚受拾遺，流離主恩厚。柴門雖得去，未忍即開口。寄書問三川，不知家在否？比聞同罹禍，殺戮到雞狗！山中漏茅屋，誰復依户牖？摧頹蒼松根，地冷骨未朽，幾人全性命，盡室豈相偶，嶔岑猛虎場，鬱結回我首，自寄一封書，今已十月後，反畏消息來，寸心亦何有？漢運初中興，生平老耽酒。沈思歡會處，恐作窮獨叟。

詩中「反畏消息來」，道盡戰亂時生離死別，眞乃驚心動魄；「生平老耽酒」又知其以房琯事，不能與肅宗共處。此後不久得家書乃作詩有「農事空山裏，眷言終荷鋤」之句，知其有賦歸荷鋤之意，因而至德二年閏八月即回家省親，而有「羌村」三首，及「北征」之長篇。「羌村」道盡賦歸農村之所見所聞。其一云：

崢嶸赤雲西，日脚下平地。柴門鳥雀噪，歸客千里至。妻孥怪我在，驚定還拭淚。世亂遭飄蕩，生還偶然遂。鄰人滿牆頭，感歎亦歔欷。夜闌更秉燭，相對如夢寐。

述九死一生，回家團聚，鄰人亦分享其愉悦。人性流露，淳樸民風，於戰亂時仍能見之，不啻世外相遇。讀羌村三首，焉能不與之同灑熱淚也。

群雞正亂叫，客至雞鬥爭。驅雞上樹木，始聞叩柴荊。
父老四五人，問我久遠行。手中各有攜，傾榼濁復清。
苦辭酒味薄，黍地無人耕。兵戈既未息，兒童盡東征。
請爲父老歌，艱難媿深情。歌罷仰天歎，四座淚縱橫。

農村父老之可敬可愛，尤於人生困厄之際，彌足珍貴。此三詩趣味同淵明之田園，然境遇之悲苦，則尤過之。

余少好工部，有時仿其詩，有時步其韻。中日戰爭期間，眷屬分居滬、蜀，及重聚於禹里，仿「羌村」寫七絕三首：

誰詠崎嶇蜀道難，萬程挈子越重巒。楚城惜別禹村聚，山帶春容水帶歡。
赤雲日腳報黃昏，感歎歔欷欲斷魂！命厄可憐唐杜甫，淒涼拭淚賦羌村！
風塵栗碌鬢毛斑，莫把愁顏對玉顏。縱是久離欣相聚，夜闌秉燭淚潸潸。

時居禹王故里，寄人籬下，地僻山深，無書可讀，案頭祇「杜詩鏡銓」一部而已。公餘模擬杜詩，時有步韻之作，如：

青衫幕府夜來寒，石紐伶俜歲又殘。拂水清痕剛骨立，舊時月色舉頭看。
夔門不比世情險，蜀道爭如宦海難！彈鋏淒歌輸壯志，寄人籬下豈能安。

甫於羌村三首之同時，有「北征」之作。爲五古創作不朽鉅構。共一百四十句，七百字。將沿途所見所聞，所感所慨，一一筆之於詩。杜詩之所以爲史詩者，此篇實可爲其代表作。內容大致可分爲四：

一述當時局勢，及回家之因；次述旅途所見；再述與妻兒相逢；末言剝極而復，並預禱內亂早日平定。詩長不全錄，但錄次段，以其最能表現亂後之景像，及詩人敏銳之觀察，兼憂時憂民之心懷也：

靡靡踰阡陌，人煙眇蕭瑟。所遇多被傷，呻吟更流血。回首鳳翔縣，旌旗晚明滅。
前登寒山重，屢得飲馬窟。邠郊入地底，涇水中蕩潏。猛虎立我前，蒼崖吼時裂。
菊垂今秋花，石戴古車轍，青雲動高興，幽事亦可悅。山果多瑣細，羅生雜橡栗；
或紅如丹砂，或黑如點漆；雨露之所濡，甘苦齊結實。緬思桃源內，益歎身世拙。
坡陀望鄜畤，巖谷互出沒。我行已水濱，我僕猶木末。鴟鴞鳴黃桑，野鼠拱亂穴。
夜深經戰場，寒月照白骨。潼關百萬師，往者散何卒？遂令半秦民，殘害爲異物。

將大自然之萬物與人生作一比較，而感觸深刻。及見戰場之白骨遍地，遂又生出無限之悲憫。三段回家「妻子衣百結。」而「平生所嬌兒—見耶背面啼，垢膩腳不襪。」則又是一番感傷與自責。因有「新歸且慰意，生理焉得說」之句。末段則以「周漢獲再興，宣光果明哲。」「煌煌太宗業，樹立甚宏達。」勉勵今上爲中興之主。眞是語語忠悃，情見乎辭，令人感動涕橫。實乃詩中之出師表也。

其後唐軍收復京城，又克洛陽，郭子儀率九節度使北圍安慶緒於鄴城。先是慶緒已弒其父祿山自立。此時鄴城遭圍，史思明乃至范陽南下救鄴，九節度使之軍大敗，郭子儀因忙於整頓敗軍，佈軍於河陽。杜甫此時經洛陽回華州，途經新安、石壕、潼關，見整頓匆忙之官軍，與官吏之驅民充軍築城。人民歷經戰亂已痛苦不堪，今既如此更是呼天搶地。甫將其蘊藏於心之古道熱腸記之於詩，而成千古鏗鏘有聲之「三吏」「三別」，爲同情苦難同胞之偉大詩篇。「新安吏」、「潼關吏」、「石壕吏」、「新婚別」、「垂老別」、「無家別」等等皆足以名播寰宇，傳諸後世。其中「新安吏」，「石壕吏」更道盡人間慘事。「新安吏」云：

客行新安道，喧呼聞點兵。借問新安吏：縣小更無丁。府帖昨夜下，次選中男行。
中男絕短小，何以守王城？肥男有母送，瘦男獨伶俜。白水暮東流，青山猶哭聲。
莫自使眼枯，收汝淚縱橫！眼枯即見骨，天地終無情。我軍取相州，日夕望其平。
豈意賊難料？歸軍星散營。就糧近故壘，練卒依舊京。掘壕不到水，牧馬役亦輕，
況乃王師順，撫養甚分明。送行勿泣血，僕射如父兄。

雖同情人民痛苦，然因國家至上，乃以幸有僕射之仁慈勉之。「石壕吏」則感慨當時征兵之連老邁者，皆不放過，與「新安吏」之驅中男（未成年而滿十八者），皆足以令人深覺兵禍連結時，民間之痛苦也。「石壕吏」云：

暮投石壕村，有吏夜捉人。老翁踰牆走，老婦出門看。吏呼一何怒？婦啼一何苦！
聽婦前致詞：三男鄴城戍：一男附書至，二男新戰死。存者且偷生，死者長已矣。
室中更無人，惟有乳下孫。有孫母未去，出入無完裙。老嫗力雖衰，請從吏夜歸。

急應河陽役，猶得備晨炊。夜久語聲絕，如聞泣幽咽；天明登前途，獨與老翁別。

此外「潼關吏」之「哀哉桃林戰，百萬化爲魚！請囑防關將，愼勿學歌舒。」則勉勵防城之守將，勿學歌舒翰之戰敗而使生民塗炭也。

而「新婚別」讀之更令人心酸無已。蓋「悲莫悲兮生別離」，況乃新婚之別乎？「新婚別」乃三別中之尤感人者：

兔絲附蓬麻，引蔓故不長。嫁女與征夫，不如棄路旁。結髮爲君妻，席不暖君牀。暮婚晨告別，無乃太匆忙！君行雖不遠，守邊赴河陽；妾身未分明，何以拜姑嫜。父母養我時，日夜令我藏；生女有所歸，雞狗亦得將。君今往死地，沉痛迫中腸。誓欲隨君去，形勢反蒼黃。勿爲新婚念，努力事戎行。婦人在軍中，兵氣恐不揚。自嗟貧家女，久致羅襦裳。羅襦不復施，對君洗紅妝。仰視百鳥飛，大小必雙翔。人事多錯迕，與君永相望。

當然垂老而告別，無家可告別，亦皆人間慘事。「垂老別」云：

四郊未寧靜，垂老不得安。子孫陣亡盡，焉用身獨完。投杖出門去，同行爲辛酸。

……

「無家別」云：

……永痛長病母，五年委溝谿。生我不得力，終身兩酸嘶。人生無家別，何以爲蒸黎。

詩情賺人熱淚，讀之不能自己也。

五、「故林歸未得」隴蜀浪跡時期

坦腹江亭臥，長吟野望時。水流心不競。雲在意俱遲。
寂寂春將晚，欣欣物自私。故林歸未得，排悶強裁詩。

甫既與肅宗不相得，難展長才。「致君堯舜上，再使風俗淳」之抱負，漸成泡影！豈可爲五斗米而再折腰？因乃決心棄官往秦州。族姪杜佐在東柯谷，大雲寺贊公亦在此地。既有親屬，又有舊識，於是悵惘別兩京，攜負沈重家累而往。自此而後十一年間，轉徙於隴、蜀、巴、夔之地。「漂泊西南天地間」（詠懷古跡）之句，眞可爲此後之寫照。「此生那老蜀」（奉送嚴公入朝十韻）竟成事實；「不死會歸秦」（同上）的願望，竟未達到；而「故林歸未得」，竟成讖語！

此行前去秦州，經險峻之隴山，山路九轉，七日方得翻越，古有「隴頭流水歌」（六朝樂府）已言其艱難。杜甫所作秦州雜詩亦記其詳：「滿目悲生事，因人作遠遊。遲迴渡隴怯，浩蕩及關愁。水落魚龍夜，山空鳥鼠秋。西征問烽火，心折此淹留。」既遲迴於險途，復耽心於兵禍，是以又有「屬國歸何晚，樓蘭斬未還」之句。而代宗廣德七年吐蕃果入寇，攻入長安焚掠而去。此亦可謂甫之見幾知微處也。

另有述秦州之如世外桃源者：「老樹空庭得，清渠一邑傳」「對門藤蓋瓦，映竹水穿沙。瘦地翻宜粟，陽坡可種瓜」等皆是。此時又有「遣懷」、「蕃劍」、「銅瓶」、「歸燕」、「促織」、「螢火」、「蒹葭」、「除架」、「病馬」等詩，皆用於寄託懷抱。此時所作多爲五律。

秦州約小住四月，衣食不給，難以定居，因而決心往同谷，有「發秦州」等十二首詩。「發秦州」所云：

大哉乾坤內，吾道長悠悠。

實乃一生漂泊之嘆也。而「鐵堂峽」之

生涯抵弧矢，盜賊殊未滅。飄蓬踰三年，回首肝肺熱。

「寒峽」之：

此生免荷殳，未敢辭路難。

亦同「生常免租稅」之語。然此乃於無可如何中自慰者，較「奉先詠懷」之感嘆失業徒，遠戍卒，已大有不同。然「鳳凰臺」一首，則結以：

圖以奉至尊，鳳以垂鴻猷。再光中興業，一洗蒼生憂。深衷正爲此，群盜何淹留。

其心仍存社稷，念在蒼生。寄望鳳凰，雖屬突發奇想——亦可見其雖九死一生而未改愛國忠君之心也。唯寄寓同谷，生活依然困苦，且更無可依靠，因感慨身世，兼又念及親人，而有「同谷七歌」。時年已四十有八。是歌與「鳳凰臺」同作於十一月間。其中一、二、五、六、七皆用以自道，而三、四兩首則分念弟妹。七首中尤以末首最爲感傷。蓋自嗟老而無成也。較之四十無位之感慨，不知又多加幾何？詩云：

男兒生不成名身已老，三年饑走荒山道。

長安卿相多少年，富貴應須致身早。

山中儒生舊相識，但話宿昔傷懷抱。

嗚呼七歌兮悄終曲，仰視皇天白日速。

余於二十六歲羈蜀時，嘗仿「同谷七歌」形式及大意，作「流浪曲」四首：

有家有家已淪亡，顚沛流離在他鄉！可憐有家歸未得，夢魂時落自怡堂！

有親有親年高邁，兒羈他鄉難一拜！白髮倚閭西向望，不見歸來心如瘵！

有兄有兄同流離，天涯地角使人悲。爲念骨肉心憔悴，對影如何不淚垂？

有妻有妻難相攜，客內閨中同悽悽！風雨瀟瀟孤燈夜，枕冷衾寒淚沾衣！

因殘酷戰爭，分隔人倫，流離失所如子美者，不知千萬人焉！同谷縣既難以生存，欲再由隴右前往蜀地。因而作發同谷縣等十二首詩。中經劍閣天險時，亦發議論：「一夫怒臨關，百萬未可傍。……至今英雄人，高視見霸王。并吞與割據，極力不相讓。」（劍門）乃復擔心川將之欲藉天險而割據天府之地也。其後，果不幸而言中——蜀中亂事屢起。

既至四川，得親友如杜濟、高適等人之助，而於成都定居。次年，乃於城西浣花溪畔築一草堂，因而有「堂成」之詩，時已年四十九矣！

背郭堂成蔭白茅，緣江路熟俯青郊。

榿林礙日吟風葉，箭竹和煙滴露梢。
暫止飛烏將數子，頻來語燕定新巢。
旁人錯比揚雄宅，懶惰無心作解嘲。

甫困頓半百，從此生活稍定，可以安貧樂道，不再自怨自艾。觀乎「春夜喜雨」之

隨風潛入夜，潤物細無聲。

及「江亭」之

「水流心不競，雲在意俱遲。寂寂春將晚，欣欣物自私」而可知。

余三過錦官城，兩訪浣花溪，拜謁草堂寺，展讀杜陵詩。草堂寺（後人崇拜詩聖，改草堂爲寺，供人瞻仰。）背郭緣溪，景物宜人，老杜在此逍遙兩年有餘，可謂一生中最爲恬然安適者。余有過草堂寺詩一律：

吳山邗水繫人思，雁陣分飛痛亂離！巴蜀風寒迷客跡，錦江雨冷瘦梅枝。
四方鼓角催年暮，萬里干戈制寇遲！太息生涯餘涕淚，草堂展讀杜陵詩。

甫置產浣花草堂，乃一生之大事。不幸翌年秋日，颶風突起，將辛苦經營之草堂茅草吹散四方，鄰里頑童又檢拾不還，屋漏雨落，通宵難眠，因而念及流離失所，無家可歸之人民，不知凡幾。而有「茅屋爲秋風所破歌」之作。是時也，甫已「百年嗟已半」矣！

值此風暴雨急，屋漏如麻，呻吟痛苦之際，仍然關懷社會，念在天下寒士，希得廣廈，人人歡顏。此杜甫社會思想表現之極致也，亦最受人頌讚者也。詩云：

八月秋高風怒號，卷我屋上三重茅。
茅飛渡江灑江郊，高者挂罥長林梢。
下者飄轉沉塘坳。南村群童欺我老無力。
忍能對面爲盜賊。公然抱茅入屋去，
脣焦口燥呼不得。歸來倚仗自嘆息！
俄頃風定雲墨色，秋天漠漠向昏黑。
布衾多年冷似鐵，驕兒惡臥踏裏裂。
床頭屋漏無乾處，雨脚如麻未斷絕。
自經喪亂少睡眠，長夜沾濕何由徹？
安得廣廈千萬間，大庇天下寒士俱歡顏，
風雨不動安如山！嗚呼！何時眼前突兀見此屋？
吾廬獨破受凍死亦足。

此時尙有「百憂集行」：

入門依舊四壁空，老妻睹我顏色同。痴兒不識父子禮，叫怒索飯啼門東。

此乃由唐興回成都，求職未得，生活無著，窮境苦況之寫實詩。「悲見生涯百憂集」，眞生活之寫照也。他如此時期之「病柏」、「病橘」、「枯椶」，均有象徵意義，自喻之作。

後人從其詩集中，可以知曉甫居草堂，物質生活雖差，精神生活尙饒清趣。

觀乎「江村」之

老妻畫紙爲棋局，稚子敲針作釣鈎。

清江一曲抱村流，長夏江村事事幽。——江村

肯與鄰翁相對飲，隔籬呼取盡餘杯。——客至

農務村村急，春流岸岸深。

鄰家送魚鼈，問我數能來。——春日江村

可知其似乎過一段桃花源避秦亂之生活。甫興致既高，因此鳥獸蟲魚、樹木花草、四周山川風雨、世宦野叟，皆爲其寫詩素材，一一詠之於筆。此亦子美仁民愛物思想之發揮也。若「絕句」五首之三，有云：

藹藹花蕊亂，飛飛蜂蝶多。

舍下筍穿壁，庭中藤刺簷。

江動月移石，溪虛雲傍花。

雖値此種安樂時日，杜甫亦時念國家之現況，「野老」詩云：

長路關心悲劍閣，片雲何意傍琴臺？王師未報收東郡，城闕秋生畫角哀。

而「聞官軍收河南河北」之：

劍外忽聞收薊北，初聞涕淚滿衣裳。

亦皆見其雖身在蜀地，而未嘗忘家國也。

甫居成都，中途雖曾因徐知道之亂避地梓州、閬州，然因嚴武再鎭蜀，亂平而回成都。嚴武爲子美羈蜀期間關係極爲重要人物。肅宗上元二年，嚴武爲成都令。次年（寶應元年）七月，武被召還朝。至代宗廣德二年，武再鎭蜀。六月，表甫爲節度參謀檢校工部員外郎，時已五十有三矣。此爲甫最後亦爲最高官職，因而後世以「杜工部」稱之，唯武不幸以四十之盛年逝世，甫失支柱，哭之哀，哭之慟，亦動去蜀之念。由「去蜀」詩中，仍可見其感傷天下大事也：

五載客蜀郡，一年居梓州，如何關塞阻，轉作瀟湘游。
世事已黃髮，殘生隨白鷗。安危大臣在，不必淚長流。

末句「不必淚長流」正見其淚之長流也。觀乎工部一生所作之詩即可知其筆法。

六、「天地一沙鷗」夔湘飄泊時期

細草微風岸，危檣獨夜舟。星垂平野闊，月湧大江流。
名豈文章著？官應老病休。飄飄何所似？天地一沙鷗！（旅夜書懷）

離開草堂，乘舟順岷江而下。前此有「門泊東吳萬里船」（絕句四首）之詠，可知其早作去蜀之備。時爲永泰五年，甫已五十有四。經由嘉州、戎州（今之宜賓）入長江，前往渝州，順流而下至忠州、雲安。此「旅夜書懷」，即作於雲安。

於雲安之時，亂事頻傳，西境之回紇、吐蕃、吐谷渾等屢屢入寇，人民集體南徙四川。

而四川之刺史崔旰等又自相殘殺，蜀地混亂異常，甫既感嘆時局危殆，又哀傷生靈塗炭，而有絕句三首：

前年渝州殺刺史，今年開州殺刺史。
群盜相隨劇虎狼，食人更肯留妻子？
二十一家同入蜀，唯殘一人出駱谷。
自說二女齧臂時，迴頭卻向秦雲哭。
殿前兵馬雖驍雄，縱暴略與羌渾同。
聞道殺人漢水上，婦女多在官軍中。

成都附近多杜鵑，子美卻少詠杜鵑詩，直到雲安，方有「杜鵑」一首，「子規」一首。子規即杜鵑也，又名杜宇。昔蜀天子望帝之名。詩云：

西川有杜鵑，東川無杜鵑。涪萬無杜鵑，雲安有杜鵑。我昔遊錦城，結廬錦水邊。有竹一頃餘，喬木上參天。杜鵑暮春至，哀哀叫其間。我見常再拜，重是古帝魂。生子百鳥巢，百鳥不敢嗔。仍爲餧其子，有若奉至尊。鴻雁及羔羊，有禮太古前。行飛與跪乳，識序如知恩。聖賢古法則，付與後世傳。君看禽鳥情，猶解事杜鵑。今忽暮春間，值我病經年！身病不能拜，淚下如迸泉。（杜鵑）

雲安詠杜鵑，乃感於段子璋、徐知道、崔旰之徒叛亂而發。譏世人不修禮節者，甚至以下犯上者，禽鳥之不若也。甫忠愛國家，尊敬君上，聞聲思君，以病不能拜，因而淚如迸泉。

成都附近郫縣，俗名杜鵑城，昔蜀天子望帝都於此。望帝亦曰杜宇，其相開明亦曰鼈令，後稱叢帝。俗傳望帝在蜀，娶蜀山氏女，後不幸爲叢帝佔有，位亦被篡，哀泣而死，化啼血之杜鵑。此說不經。華陽國志曰：周失綱紀，蜀王杜宇稱帝曰望帝。會有水災，其相開明決玉壘山，以除水患。帝遂禪位於開明，升西山隱焉。時適二月子規啼，因名子規曰杜宇，曰望帝。成都紀曰：杜宇繼魚鳧之地，秦惠王滅蜀，封公子通爲蜀侯，望帝傷之，悲鳴而死，化爲杜鵑。後之詩人多好韻之。如高適「子規猶是蜀王魂」；李商隱「望帝春心托杜鵑」；子美此前亦有「君不見，昔日蜀天下，化爲杜鵑似老烏」之句。成爲文壇常援用之故事。余第三次訪錦官城，特過訪郫縣，謁望叢祠，有詩云：

自古詩人好韻鵑，幾人曾到鵑城邊？二陵寂寞無風雨，一鳥哀鳴有淚涓！

杜宇春心常不死，開明功績總堪傳。有錢難買郫筒酒，一柱馨香意致虔。

郫縣城外有望叢祠、台榭亭閣，點綴於幽徑古丘間。東西二陵：一曰古望帝之陵；一曰古叢帝之陵。崔曙詩：「二陵風雨自東來」，即此指也。

子美「酒憶郫筒不用酤」（將赴成都草堂途中有作先寄嚴鄭公五首）即指此郫縣之郫筒酒。縣城有亭，亭有二井，一封一開。額曰「郫筒井」。俗傳截井邊之竹爲筒，以汲井水，水即變爲酒。他竹汲水則否。宋范成大吳船錄（一名出蜀記）云：郫商截大竹長二尺以下，留一節爲底，刻其外爲花紋，上有蓋，以鐵爲提梁，或朱或黑，不漆，大率契酒竹筒耳。華陽風俗記所載：刳竹傾釀，閉以藕絲蕉葉，信宿馨香達於外，然後斷取以獻，謂之郫筒酒。

子美憶郫筒酒，而說「不用酤」者，意謂截竹取井水，一宿即可飲，或云：可飲免費美酒也。

大曆元年杜甫五十五歲，乃離雲安前往夔州，既至而有「夔州歌十絕句」，以記其風物。若一首之「白帝高爲三峽鎮，瞿塘險過百牢關。」五首之「瀼東瀼西一萬家，江南江北春冬花。」「晴浴狎鷗飛處處，雨隨神女下朝朝。」均爲特殊佳句。

夔州時期之作品，乃杜詩藝術成就之最高點，此時無論質與量，皆超越以往。回顧前五期之時，雖各有特色：先是有自我期許之「望岳」；而後有感於在上者驕淫無度，在下者困苦危厄之「麗人行」、「兵車行」、「奉先詠懷」；安史亂後則有「述懷」、「北征」、「羌村」，寫戰後之情景，三吏三別寫盡人民之痛苦；至秦州同谷則多半嘆老嗟貧；及抵成都，方稍寧靜。在寧靜中產生輕鬆愉悅，閒淡疏放小品多首；下至夔州，拈鬚吟哦，清新澹遠，詩律更細。甫固嘗言「老去詩篇渾漫與」，（江上值水如海勢聊短述）而此時則又言「晚節漸於詩律細」。（遣悶戲呈路十九曹長）「漫與」，言出手純熟，乃從精處得來「不煩繩削而自合」（黃山谷評杜詩）；「律細」，言用心精密，仔細推敲得來，兩意未嘗不洽。作品中有飽富憂患意識者，有涵詠人情溫暖者，詩篇隨歲月成長，益臻至高境界。如「夜」所詠者個人形容孤獨、徘徊江邊，無盡憂愁，進而超越一己範疇，感慨造化弄人，因爲獲得廣泛共鳴：

露下天高秋氣清，空山獨夜旅魂驚！疏燈自照孤帆宿，新月猶懸雙杵鳴。

南菊再逢人臥病，北書不至雁無情！步簷倚杖看牛斗，銀漢遙應接鳳城。

此期間磨鍊既深，詩律益細；病體雖弱，壯志未泯。嘔心瀝血，胥屬佳章。千古名句之：

爲人性僻耽佳句，語不驚人死不休。（江上值水如海勢聊短述）即成於此時。

震鑠古今之七律多組，咸係此期成熟作品。如「諸將」五首，「詠懷古跡」五首。其句法突破傳統，意象超越現實者，莫如「秋興」八首。甫身居巫峽，心憶京華，乃八詩大旨；曰巫峽、夔府、瞿塘、江樓、滄江、關塞，言其身之所處；曰故國、故園、京華、長安、蓬萊、昆明、曲江、紫閣，言其心之所繫，乃八詩線索。誠願全錄於后，不忍割捨。惜以篇幅所限，僅鈔四首於后：

玉露凋傷楓樹林，巫山巫峽氣蕭森。江間波浪兼天湧，塞上風雲接地陰。
叢菊兩開他日淚，孤舟一繫故園心。寒衣處處催刀尺，白帝城高急暮砧。

夔府孤城落日斜，每依北斗望京華。聽猿實下三聲淚，奉使虛隨八月槎。
畫省香爐違伏枕，山樓粉堞隱悲笳。請看石上藤蘿月，已映洲前蘆荻花。

千家山郭靜朝暉，日日江樓坐翠微。信宿漁人還泛泛，清秋燕子故飛飛。
匡衡抗疏功名薄，劉向傳經心事違。同學少年多不賤，五陵衣馬自輕肥。

聞道長安似奕棋，百年世事不勝悲！王侯第宅皆新主，文武衣冠異昔時。
直北關山金鼓震，征西車馬羽書馳。魚龍寂寞秋江冷，故國平居有所思。

子美寄跡夔州兩載，寫詩四百三十首，佔現存作品七分之三。字斟句酌，百錘千鍊，已至爐火純青境界，獲得當時及後世最高評價。其中最值得仔細研究，深入探討者，莫如「秋興八首」。典雅高逸，含蓄籠統，義託比興，引類譬喻。已不再是少年時代「窮年憂黎元，嘆息腸內熱。」與夫「朱門酒肉臭，路有凍死骨，」毫無假借之暴露。而是涵義晦黯，難以捉摸，取譬巧思，憤懣能抑。對政情批判，用婉諷法；對故國熱戀，用比興法。如：「夔府孤城落日斜，每依北斗望京華。」（其二）如「魚龍寂寞秋江冷，故國平居有所思。」（其四）如「一臥滄江驚歲晚，幾迴青瑣照朝班。」（其五）如「瞿塘峽口曲江頭，萬里風烟接素秋。」（其六）如「關塞極天惟鳥道，江湖滿地一漁翁。」（其七）尤其是八首結句：「綵筆昔曾干氣象，白頭吟望苦低垂。」客中垂垂老矣，猶念念不忘當日爲房琯之事，而極諫，而遭明君之棄。「秋興」實是「悲秋」，反覆緬懷國是，敘述蹇厄。舉凡家國之痛，亂離之感，悲天憫人之思，孤臣孽子之志，一一宣之於詩，一字一句，出自肺腑，血淚凝結，彙爲整篇。八詩充滿離情之戀，哀愁之美。詩句錘鍊成精；詩意含蓄成謎；詩情超越現實化之感性，進登意象化之情態；詩境則追逐坎坷生命，困阨際遇，而一步一趨臻於化境。此固所謂「詩窮而後工」也，然對人生而言，能無殘酷之嫌否耶？

風急天高猿嘯哀，渚清沙白鳥飛迴。無邊落木蕭蕭下，不盡長江滾滾來。
萬里悲秋常作客，百年多病獨登臺。艱難苦恨繁霜鬢，潦倒新停濁酒杯。

此「登高」一律，可視同「秋興」看。甫寄身夔州期間，親睹人民生活艱困，而有「負薪行」「最能行」等詩，爲本地人民抱其不平。「負薪行」描寫更爲詳實，爲關切女性之代表作品：

夔州處女髮半華，四十五十無夫家。更遭喪亂嫁不售，一生抱恨長咨嗟。
土風坐男使女立，男當門户女出入。十猶八九負薪歸，賣薪得錢應供給。
至老雙鬟只垂頸，野花山葉銀釵並。筋力登危集市門，死生射利兼鹽井。
面妝首飾雜啼痕，地褊衣寒困石根。若道巫山女麤醜，何得此有昭君村？

其後杜甫欲從夔州之瀼西移至瀼東居住，乃將西瀼之宅借予司法參軍吳氏。杜甫有詩相記，乃感嘆鄰婦之貧苦孤獨也。詩中悲憫之胸懷，則更令人動容。「又呈吳郎」云：

堂前撲棗任西鄰，無食無兒一婦人。不爲困窮寧有此，祇緣恐懼轉須親。
即防遠客雖多事，便插疏籬卻甚眞。已訴徵求貧到骨，正思戎馬淚盈巾。

此時有「秋野」五首，其二云：「易識浮生理，難教一物違。」實可謂杜甫體認世上萬物所得之道理。此正與其親親而仁民，仁民而愛物等悲天憫人之心，息息相關。是以既有「又呈吳郎」之關心鄰婦，又有「縛雞行」之得失於雞蟲：

家中厭雞食蟲蟻，不知雞賣還遭烹，蟲雞於人何厚薄，吾叱奴人解其縛，雞蟲得失無了時，注目寒江倚山閣。

此詩因不知於雞蟲二者，當如何取捨，無可奈何之中，祇得注目寒江，藉以忘此煩惱。此雖爲杜詩中之小小故事，實亦其仁民愛物思想也。是以又有「白小」之五律言「生成猶捨卵，盡取義何如？」等詞句。

大曆三年甫五十七歲，離開夔州，乃因年老思鄉，又得三弟杜觀來信，乃決定出峽。況其心仍繫魏闕乎？「續得觀書」有云：「馮唐雖晚達，終覬在皇都。」然而甫並未到達故鄉或京城，在湖南耒陽，一病不起，客死異鄉。三十年後，始得歸葬故鄉鞏縣。

在此漂泊期間，所作多述其悲哀心情。如「江漢」：

江漢思歸客，乾坤一腐儒！片雲天共遠，永夜月同孤。

落日心猶壯，秋風病欲蘇。古來存老馬，不必取長途！

乾坤如此其大，竟無一腐儒寄身之所！誠可慨也！萬族各有所託，片雲獨無依處！亦云悲矣！通宵孤月，暮景壯志，尚有何用！自傷自嘆，能不同灑淒然之淚？他如「舟中出江陵南浦奉寄鄭少尹審」云：

更欲投何處，飄然去此都。形骸元土木，舟楫復江湖。

社稷纏妖氣，干戈送老儒。百年同棄物，萬國盡窮途。……

自憐自傷，已至極點。前於長安、梓州時，詩中亦常有棄物一詞，如「君豈棄此物」（自京赴奉先縣詠懷五百字），「聖朝無棄物」（客亭）之語。四十歲寫「秋述」，即有「我，棄物也。四十無位」之語。

「泊岳陽城下」一律，稍次於「登岳陽樓」，然亦有呑吐烟濤之妙：

江國踰千里，山城近百層。岸風翻夕浪，舟雪灑寒燈。

留滯才難盡，艱危氣益增。圖南未可料，變化有鵾鵬。

「登岳陽樓」，寫出氣壓百代，五言雄渾之四十字，氣象閎放，涵蓄深遠，殆與洞庭爭雄：

昔聞洞庭水，今上岳陽樓。吳楚東南坼，乾坤日夜浮。
親朋無一字，老病有孤舟！戎馬關山北，憑軒涕泗流。

登樓所見與登樓所感，開闊中有黯淡，正於此中見得俯仰一身，淒然欲絕。唐子西嘗云：「太白退之輩（登岳陽樓），率爲大篇，極其筆力，終不逮也。浩然差可比敵。」

大曆五年，病困舟中，有「風疾舟中伏枕書懷三十六韻奉呈湖南親友」長篇，實乃多災多難，有血有淚詩聖之絕筆詩也。末段有云：

書信中原闊，干戈北斗深！……戰血流依舊，軍聲動至今！
葛洪尸定解，許靖力還（難）任。家事丹砂訣，無成涕作霖！

詩中引葛洪丹砂，許靖家事典故，已自知不起！然猶念念於國難方殷，戰事方酣！千載而下，讀之能不一掬盈眶熱淚乎？

甫生於唐睿宗先天元年（西元七一二年），卒於唐代宗大曆五年（西元七七〇年）暮秋，短短五十九歲生命，凡歷玄宗、肅宗、代宗三朝，乃唐代多事之秋，一生寫詩千有餘篇，實即當時政治、社會史詩。甫「薄殯於耒陽」（司馬光記），後三十年，其孫扶柩歸葬故里鞏縣，乞元微之撰墓誌銘。今耒陽有甫之衣冠塚。

甫身體素弱，幼時在姑家一病幾殆。及長，國步多艱，官運蹇困，流離轉徙，貧病侵凌。浣花溪時期，生活稍蘇，體并不健，種藥、賣藥、服藥，爲其生活重要部份。「老病人扶再拜難。」（有客）「眼邊無俗物，多病也身輕。」（漫成二首）「老妻憂坐痺（濕病）」，幼女問頭風。」（遣悶奉呈嚴公二十韻）及至雲安、夔州，則體益衰，病益甚：「兒扶猶杖策，臥病一秋強。」（別常徵君）「杖藜強起依僮僕。」（醉爲馬墜羣公攜酒相看）「身病不能拜，下淚如迸泉。」（杜鵑）耳聾眼花，詩中屢有紀載。「眼復幾時暗，耳從前月聾。」（耳聾）「亦知行不逮，苦恨耳多聾。」（獨坐二首）甚至中風「右臂偏枯半耳聾。」（大曆四年清明詩）在夔州聞杜觀將至，竟有託付後事之意：「老身須付託，白骨更何憂。」

甫早於乾元元年三月在長安，竟寫出悲觀傷感之「曲江二首」，流露宦海波濤，人生坎坷，雖不得志，而又無處可退可隱之苦！亦云慘矣！

一片花飛減卻春，風飄萬點正愁人。且看欲盡花經眼，莫厭傷多酒入脣。
江上小堂巢翡翠，花邊高塚臥麒麟。細推物理須行樂，何用浮名絆此身？
朝回日日典春衣，每日江頭盡醉歸。酒債尋常行處有，人生七十古來稀。
穿花蛺蝶深深見，點水蜻蜓款款飛。傳語風光共流轉，暫時相賞莫相違。

此中最爲令人驚異者，莫如四十七歲中年，慨嘆「人生七十古來稀」！無怪其祇享壽五十有九，悄然長逝！今日醫藥發達，經濟富裕，「人生七十方開始」，前途正似錦簇也。甫體孱弱，加以窮困潦倒，顛沛流離，歷盡人生困阨艱危，嚐遍世態淒楚炎涼！安得不「十年朝夕淚，衣袖不曾乾！」（第五弟豐，獨在江左，近三四載，寂無消息，覓使寄此二首）憂患盈懷，悲憤塡膺，消極悲觀，在所難免！唯對國家仍然熱愛，對政治仍抱希望，對社會仍寄關懷。「安危大臣在，不必淚長流！」（去蜀）時年五十有四。即使五十九歲，舟中伏枕絕筆，仍然惦念國難，關懷人民—「戰血流依舊，軍聲動至今」也。

七、結語——「文章千古事」

文章千古事，得失寸心知。作者皆殊列，名聲豈浪垂？

騷人嗟不見，漢道盛於斯。前輩飛騰入，餘波綺麗爲。

後賢兼舊制，歷代各清規。法自儒家有。心從弱歲疲。……（偶題）

少陵畢生精力，專注文學，始成一部震鑠古今之「草堂詩集」，此「偶題」可謂杜詩總序。起二句乃其所託胎者。文章千古事，便須有千古識力；得失寸心知，則寸心具有千古。此文章家秘密藏爲古今立言之標準也。作者殊列，名不浪垂，又千古文人之總括。成就各有不同，寸心皆有獨知。三百篇乃詩家鼻祖，騷體則爲裔孫。甫以詩名家，「儒家有」者，即前言所引「詩是吾家事」也。

少陵「致君堯舜上，再使風俗淳」之政治抱負，因仕途蹇困，而告消失！一厄於玄宗天寶；再厄於肅宗至德。空有報國赤忱，爭奈宦海無緣，既無由伸展大志，乃轉而全力投注於詩文。加以政局動亂，社會經濟貧困，造成詩人本身流離輾轉，苦病啼飢。人道思想，油然而生。離開長安以後，幾以全副生命與精力，注意於其所處之社會環境。惜以無位，空有仁愛之心，苦無權力實踐。乃轉而寄託於楮墨，抒情於詩篇。發而鏗鏘有聲，震鑠千古之不朽詩章，亦即是流傳後世之史詩也。

吾人若將少陵畢生留下之一千四百五十七首詩，專就其具有社會主義思想者，歸爲一類，則可知其數量相當浩繁。惜以不在其位，無由謀其政，不能爲生民謀福祉。然而其思想正透過其詩章提示與警戒當時及其後世精忠謀國者，使其正視民生社會建設之重要也。

社會建設之目的，乃在於建設社會本位，經濟平等與夫教育普及之最高理想。倫理道德及和諧福利之社會，更爲基於人道主義之社會主義者所關切，而熱切冀求實現者。「草堂詩集」中隨處可以檢拾。

總之，就詩言詩，封杜甫爲詩聖，當之無愧；若就其思想言詩，封杜甫爲社會詩人，誰曰不宜？

三、南社邵无妄俞劍華兩先生遺詩序

一、書南社邵无妄鄉先賢剝廬詩文劫餘之前

「古來聖賢皆寂寞，唯有飲者留其名。」

徵諸南社吾鄉先賢邵天雷无妄先生一生，信不虛也。

吾淮文風鼎盛，人材輩出。无妄先生文采炳蔚，騷壇宗匠；深研經史，擅長詩文；思緒敏捷，倚馬可待；斗酒百篇，媲美前哲。

早年入瓜州張宮保幕。辛亥建國後漫遊滬穗，皆無所合，落落寡歡。遊滬時應邀入南社，與當時名流葉楚傖，陳布雷，胡樸庵，蘇曼殊，俞劍華諸君子遊，頗多唱和之作，散見報章雜誌。旋歸淮陰，入鎭守使馬玉仁幕，爲修馬氏宗譜。其後又主修鹽城馬氏宗譜及餘姚邵氏宗譜。靜極思動，復南來春申，受聘持志大學教授，執教「群史」「群經」，編寫「群史大綱」、「群經大綱」、「磨硯拾瀋」。另著「周易通義」、「剝廬詩文集」八冊。并評註「史記」、「左傳」、「莊子」、「孟子」、「韓蘇詩文集」等，不下三百萬言。祇以當時付梨棗不易，手稿不幸被毀於兵，散軼於亂，所存無幾！固吾淮安藝文之闕失，亦學術界資料之折損也！

其哲嗣育雲仁兄幼承庭訓，長而力學，文采風流，才華清越。書法遒媚，夭矯勁健。十杯微醺，百斗不辭。爲吾鄉之菁英，亦今世之能者。避秦浮海，佐潘仰山先生發展實業，對台灣經濟起飛，獻替良多。旋受聘入中國銀行從事編務，主纂「中國銀行行史」，下筆萬言，統系分明。前歲助余整編複印「山陽（淮安）縣志」、「山陽（淮安）藝文志」，馭繁爲簡，舉重若輕。艱鉅工程，期年蕆事。

致仕退歸，雲遊海內外，搜羅其先君遺藁，得詩三十三題，凡六十二首；哀辭、題跋各一篇，恭繕景印，貽贈學術界人士。顯揚幽光，匡補史志，孝思不匱，必垂久遠。頃間由美專函囑爲訂正，并惠序文。

余也不敏，面對先賢詩文，肅然恭讀，油然起敬。本已有「賜也何敢望回」之思想，今更加「游夏不敢贊一辭」之心態。惟以育雲仁兄孝思感人，情意難卻。爰敬謹於遺藁之前，略書研讀觀感，不敢謂爲序也。

无妄先生高曠襟懷，雅逸情操，躍於紙上；恬淡自然，綺麗豪情，吐於筆端；傷時憫亂，俠骨仁心，蘊於胸中；經綸才華，蠖屈未伸，鬱於幕府。終竟「便當買個魚舟去，雨笠煙簑淡世情。」「此生不作司香尉，願傍梅花過十年。」歸去來兮！

細研其詩，倘分析比擬：其高曠雅逸，恬淡自然，有類田園詩人彭澤宰之寧靜；其豪邁清俊，吞吐奔放，一若飄逸詩人李翰林之縱情；至其傷時憫亂，懷才不遇，則又似社會詩人杜工部之苦吟長喟也。三家詩法，自成風格，竟能匯集一身，非具深厚工力者，不克爲也。

或有品評其詩爲「詩文有奇氣，汪洋奔肆，惜欠修飾耳」。「惜久修飾」之評，余則非之。古來佳什，凡能廣傳遠遞，衆口吟詠者，咸非鑴琢堆砌，餖飣獺祭之作。宣和書譜評內臣岑宗旦詩云：「作詩以意爲主，不在鑴琢語言，故若渾金璞玉，見者知貴。」以「渾金璞玉」，形容无妄先生詩，庶乎近似。淵明、太白、少陵三家詩，諸多渾金璞玉之作。

如陶詩「飲酒」：

結廬在人境，而無車馬喧，問君何能爾，心遠地自偏。采菊東籬下，悠然見南山。山氣日夕佳，飛鳥相與還。此中有眞意，欲辨已忘言。」

如李詩「月下獨酌」：

「花間一壺酒，獨酌無相親。舉杯邀明月，對影成三人。月既不解飲，影徒隨我身。暫伴月將影，行樂須及春。我歌月裴回，我舞影凌亂。醒時同交歡，醉後各分散。永結無情遊，相期邈雲漢。」

如杜詩「月夜」：

「今夜鄜州月，閨中只獨看，遙憐小兒女，未解憶長安。香霧雲鬟濕，清輝玉臂寒。何時倚虛幌，雙照淚痕乾。」

隨與揮灑，信手拈來。類似散文口語化，等同今世白話詩。看似不思而得，實則「以無思無慮而得者，乃所以深思而得之也。」（程伊川）又似無何法度，實則「非無法度，乃從容於法度之中，蓋聖於詩者也。」（朱子語類評太白詩）

南社諸君子詩風丕變，一反清季同光體，而上接風騷，追踪晉唐，同時創造新體，啓白話詩之先河。（至於七十年來白話詩不能成氣候，則是另一問題。）無一字雕琢，無一句堆砌，無冷僻典故，無生硬文辭。然而字字工穩，句句鏗鏘，艷麗含蓄，美妙典雅，自能流廣傳遠也。最能表現此新格調者，可以燕子龕詩與剝廬詩爲代表。如不以吾言爲可信，請容各鈔錄十二首於后，以證不虛：

燕子龕詩：

水晶簾捲一燈昏，寂對河山叩國魂！祇是銀鶯羞不語，恐防重惹舊啼痕！
空言小據定難猜，欲把明珠寄上才。聞道別來餐事減，晚妝猶待小鬟催。
棠梨無限憶秋千，楊柳腰肢最可憐！縱使有情還有淚，漫從人海說人天。
星裁環珮月裁璫，一夜秋寒掩同房。莫道橫塘風露冷，殘荷猶自蓋鴛鴦。（無題八首之四）

禪心一任蛾眉妒，佛說原來怨是親。雨笠煙簑歸去也，與人無愛亦無嗔！
偷嘗天女唇中露，幾度臨風拭淚痕！日日思卿令人老，孤窗無奈正黃昏！（寄調箏人三首之二）

乍聽驪歌似有情，危險遠道客魂驚！何心描畫閒金粉，枯木寒山滿故城！（調箏人將行屬續金粉江山圖題贈二絕之一）

流螢明滅夜悠悠，素女嬋娟不耐秋。相逢莫問人間事，故國傷心祇淚流！

燈飄珠箔玉箏秋，幾曲回闌水上樓。猛憶定盦哀怨句：三生花草夢蘇州！
蟬翼輕紗束細腰，遠山眉黛不能描。誰知詞客蓬山裡，烟雨樓台夢六朝。
誰憐一闋斷腸詞？搖落秋懷衹自知！況是異鄉兼日暮，疎鐘紅葉墜相思！（東居雜詩十九首之四）

生天成佛我何能？幽夢無憑恨不勝！多謝劉三問消息，尚留微命作詩僧！（有懷二首之一）

剝廬詩：

作客懷人總繫思，金閶門外漏遲遲。十年湖海銷魂夢，況是扁舟臥雨時。
寒烟疏柳近楓橋，寂寞空山劍氣銷。伍胥浮江孫子老，何人吳市學吹簫？（蘇州四首之二）

縱酒徵歌事可憐，寥寥短鬢愧華顛！當筵我是傷心客，慘淡銀燈泣素絃！
腰瘦清秋憶沈郎，繁華如夢溯雷塘。樽前兒女同飢渴，不待聞聲已斷腸！（揚州本事詩六首之二）

不堪玉樹後庭花，舊曲陳隋帝子家。江北江南遺嗣響，一般哀怨是琵琶！
淮海勞人素苦吟，年來霜染鬢毛侵！壯心未遂秋蓬逝，歌繞河梁偏徵音。（題麗則吟詩社輯十首之二）

蒼茫雲木與蒹葭，枯樹寒禽噪月斜。獨客孤帆臨水宿，不知何處女兒家？

三十六湖沙水清，風帆微日遠天明。便當買個魚舟去，雨笠煙簑淡世情！（運河歸舟）

大行西望晉紛秋，簫鼓迎神怨未休，悵惘芙蓉洲上思，玉環低唱淚雙流！

梧卿底事太多情，潦倒歡場雜笑嗔。寂寞雙鴛祠一夢，關河車馬哭才人。（題花月痕）

水閣風涼怨洞簫，興亡誰與說前朝？多情一樣江南月，不照離宮照板橋。（秦淮六首之二）

南來鴻雁啄秋蘆，曾是高陽舊酒徒。我本無家賦招隱，祇今落魄向江湖。（題亞子分湖舊隱圖四首之一）

余好爲詩，自習苦吟。一生低首，唯杜拾遺耳。然執筆吟哦，則又力法江州司馬，冀老嫗之能解也。蓋其深感於詩歌言志永言，爲有生命之文學。文學欲求有生命，深忌以文害義，堆砌艱澀，脫離時代，妄學古人。三原于右任先生評余之「擬曼殊本事詩」云：「艷麗處有如春陽，悱惻處則又似秋雨。用字平實而不俚俗，琢句精鍊而無堆砌，頗合詩學革命之旨，乃必傳之作也。」高要梁寒操先生題詩亦云：「佛與衆生心不二，此心豈是一人專！心聲要克鳴斯世，不事雕鐫定必傳。」其題拙著「風雨樓詩集」亦有「厭摹古語作艱深」之句。詩之佳妙，在神在骨，固不僅辭句之間也。今亦鈔錄十二首於后，以證詩學革命趨勢。

共憐相憶濃於酒，說到芳名口亦香。料得黃鶯驚午夢，尼龍簾下懶梳妝。（怨）

玉梨秀色爲誰春，豈用朱丹點絳唇？洗淨鉛筆無限麗，不描翠黛保天眞。（玉梨秀色）

雲開霽色碧簾垂，綠水橋平拂柳絲。衣上淚痕牋上字，行行點點記相思。（雲開霽色）

意如麻亂手難編，欲罷思潮匪易蠲。知否基隆風雨夜？有人輾轉不成眠！（輾轉不眠）

淡雲薄霧籠巖嶢，爲愛幽情不弄簫。隱約歌聲時斷續，誰家兒女擾清宵？（暖江小夜曲十二首之一）

纏綿膩熱宿心親，幽會還憑夢裡尋。今夜樓臺謀慰藉，一窗燈影兩愁人！（記夢十首之一）

紅梅臘月綻寒山，春在卿卿眉宇間。夢斷羅浮尋綺麗，詩人驚艷破朱顏。（驚艷）

誰道人生似夢幻？我言夢幻似人生，萬般世事愁如許，一到南柯自在行。（擬本事詩付梓答何武公大詩宗十首之一）

昨宵花后經微雨，渾似朝陽淺淡紅。軟綠新芽情不勝，暖香醉艷奪天工。（寄小娣）

山川靜寂雲烟裏，日月蒼茫曉霧中。夢幻詩情夢幻美，自然旋律自然終。（日月潭晨曦）

松年鶴壽竹林賢，超逸塵寰一謫仙。我自清狂兄雅度，天君清泰共陶然。（題光亞二兄著歷劫鴻泥二十韻之一）

嶽色河聲修竹影，月明人靜夜光舒。芒鞋藜杖松間路，掃葉歸來煮活魚。（掃葉歸來煮活魚）

灑脫超然塵俗外，清虛寧靜月華明。研通哲理療心疾，種得芭蕉聽雨聲。（研通哲理療心疾）

上舉拙詩，用辭造句，平實穩妥，鮮用典故，力避艱深。此所以獲得三原，高要許爲合乎詩學革命之旨也歟！

值此科學昌明，知識猛晉時代，吟詩塡詞，切忌遠離現實，妄學古人，走入窄路。乙丑詩學研究所重九登高雅集，群賢畢至，少長咸集。高朋如雲霞之萃，嘉賓盡東南之美。誠罕見之盛會也。然朗誦詩歌中，竟出現「夜半砧聲」之辭。——過去詩會中亦曾見有「一燈如豆」，「銅壺滴漏」，「譙樓聽更」之辭！值此民生經濟發展已達均富階段之台灣社會，電光如炬，耀同白晝，電動洗衣，家具必備。入晚何處可見「一燈如豆」，夜半何處聆聽「砧聲」？詩詞遞傳，後世如何考訂吾人之科技才能與夫經濟環境？脫離時代作品，不獨與其生活環境脫序，抑且忘其歷史使命！

二、書南社俞劍華先生遺集之前

吾友鈕校長長耀暨夫人俞博士成椿，神仙眷屬也，飽學秀士也。前歲國民大會代表組團訪歐，研究民主憲政，余奉推總領其事，俞博士任秘書長，鈕公任顧問。渠等沿途於各國圖書館搜尋南社詩文資料，惜收穫不多。旋又往美國國會圖書館及大學繼續搜集，慶有豐收。踰年，輯註之「南社俞劍華先生遺集」問世，受而拜讀，進而研習。

劍華先生爲女史之先君，南社創始人也。詩文散見南社叢刊及報章雜誌，奉其先慈楊太夫人命，搜羅遺作，加以輯註。竭盡心血，久歷歲時，方竟其業。時人譽爲孝女，德行有繫世範；學界視爲繼志，文獻匡補史乘。

余仔細探究，深入考查，參證曼殊上人燕子龕詩及无妄先生剝廬詩文劫餘。不論在詩體、詩格、詩情、詩意、甚至詩材、詩思，頗多近似。斷爲南社詩風。不襲陳言，諸多新義。將民族革命精神，融會於詩學革命之中，宜乎有特殊成就，開闢新蹊。噫！南社之風流餘韻，永垂史冊矣。三原繼南社諸君子主詩學革命，慨嘆近日詩人多走窄路，忘其使命，捨其時代。其識見宏遠，先後輝映。吾人如能以觀興群怨爲出發點，則其詩必能發生箴時勵俗之力，而提升詩之學術地位，勿被譏爲老古董也。明乎斯旨，乃可與言曼殊、劍華、无妄諸君子之詩矣。

余酷愛曼殊「本事詩」之哀感頑艷，淒楚悱惻。今讀劍華先生「追悼曼殊師」，感性豐富，韻味深邃，蕩氣迴腸，夢魂縈繫。眞情自然流露，神髓隱藏其中。非加朗吟低誦，靡易領會。倘排比并列，當可發現其詩風一致，詩味相近。且其友誼彌篤，踰越人己；文學切磋，雙向交融。若疑吾言，請容鈔錄於后，試爲比對：

曼殊上人本事詩

無量春愁無量恨　一時都向指間鳴　我亦艱難多病日　那堪更聽八雲箏

丈室番茶手自煎　語深香冷涕潸然　生身阿母無情甚　爲向摩耶問夙緣

丹頓裴倫是我師　才如江海命如絲　朱弦休爲佳人絕　孤憤酸情欲語誰

慵妝高閣鳴箏坐　羞爲他人工笑顰　鎮日歡場忙不了　萬家歌舞一閒身

桃腮檀口坐吹笙　春水難量舊恨盈　華嚴瀑布高千尺　未及卿卿愛我情

烏舍淩波飢似雪　親持紅葉索題詩　還卿一鉢無情淚　恨不相逢未鬀時
相憐病骨輕於蝶　夢入羅浮萬里雲　贈爾多情書一卷　他年重檢石榴裙
碧玉莫愁身世賤　同鄉仙子獨銷魂　袈裟點點疑櫻瓣　半是脂痕半淚痕
春雨樓頭尺八簫　何時歸看浙江潮　芒鞋破鉢無人識　踏過櫻花第幾橋
九年面壁成空相　指錫歸來悔晤卿　我本負人今已矣　任他人作樂中箏

劍華先生追悼曼殊師

尺八簫中屐雨蘇　鉢衣回首海東都　櫻花三月錫枝熟　曲几團蒲醉蜜殊
因緣萬古此梯航　雲氣縱橫入淼茫　爲怕高吟泣神鬼　貝多羅閣鑄金藏
妙鬘天裡舊龍盤　十幅鵝溪暈淺檀　自是漢家眞色相　憑誰留作道場看
黃帽青衫海上懸　伽陵忽地落尊前　絳紗弟子能歌管　寫韻同參大梵天
錦句傳鈔碧眼孫　臨風曾爲廢盤飧　泠泠海水搖清響　中有玻璃未化魂
莊嚴天地一袈裟　氣味渾然六代華　聽盡十三絃上語　宗風流轉到桐花
丈室頻年太瘦生　衆生皆病孰爲情　一春風雨蒙頭臥　亂落榆錢作梵聲
玉局前身又後身　玄言四海共尊親　踏莎更有西來女　落日中原弔拜輪
圓寂光中恨有無　中原法物更誰扶　殘山賸水驕餘子　命斷長城飲馬圖
空山他日採紅薇　倘有交情不我違　此去人間無所欠　春風一路踏花歸

余生也晚，無緣追隨南社諸君子，參與革命，砥礪廉隅。然展讀其詩文至縱橫奔放，雄視一代，慷慨悲歌，氣吞河嶽之處，輒欲拔劍引吭，拂袖起舞。既冀暢遂積鬱，亦求抒挹情素！惟一旦吟詠其紅葉題詩，雲箋傳情，春蠶絲盡，蠟炬成灰，哀感頑艷，婉約纏綿之句，則又豪氣內斂，秀氣外溢，收劍捲袖，取牙象響板，以清唱柳詞方式，婉囀表達之矣。

嗚呼！詩詞之力量大矣哉！南社諸君子對詩學貢獻大矣哉！

四、培養真善美的人生

領受美國聯合大學榮譽文學博士講詞

總監賢伉儷，何秘書長、各位女士、各位貴賓：

記得很清楚，四十五年前從那所有圍牆的大學裏，走進了無圍牆的社會大學，在學海游蕩，宦海浮沉，直至大陸沉淪，浮海來台，方始棄官專業於學，眞正是「覺今是而昨非」。三十三年以來，在一個沒有人與我競爭的書桌上，在一個沒有人與我競爭的講桌上，埋頭苦修，開口苦講，往往爲了一個問題搞不通，而鑽研了三年四年。當在國內找不到資料時，去美國、去英國尋找資料，曾經爲了敦煌石室切韻殘卷與法國、德國圖書館通訊達數十通之多，在書房中忘餐固是常事，廢寢更是尋常，然而「樂在其中矣」。學不厭教不倦，樂以忘憂，不知老之已至。

在這三十三年的蕉窗夜雨，黃卷孤燈下，先後出版書籍，多達二十種以上。學問本來是多方面的，古人皓首窮經，尚難有何成就，余何人歟？能有何成就哉！不過我個人相信，我個人堅決的相信，孔子所言：「余非生而知之也，好古敏以求之也。」又曾記得愛迪生之言曰：「所謂天才也者，是百分之九十九的努力，加上一分天賦。」所以任何人的成功，全依靠個人的努力不懈。

主張學問一元化，求眞求善求美

我認爲學問，一切的學問是始於一元，歸於一元，一元化的。不過可大分爲三：一是科學；二是哲學；三是文學。眞正浸沉於學術研究的人，必須三者兼而習之：科學是求眞，哲學是求善，文學是求美。有了眞的基礎，才能進一步去求善，更進而去求美的。本席不自量力，向來主張學術一元化，因此而對科學、哲學與文學具曾涉獵，小有心得。在科學方面寫過三本書，其中一本獲得教育部專題研究學術獎，在哲學方面寫過五本書，其中二本獲得學術獎，爲了研究哲學上本體問題，花費四、五年的時間，終究將之突破，進而將之融會貫通。寫成一本「本體思想史綱」，由商務出版。這本書中外古今沒有一位哲學家肯去寫，那是吃力不討好的事，也是不能暢銷的書籍，本席明知其如此，但爲了學術研究，但爲了運用中西本體思想史而欲將中山先生心物合一論的本體思想傳播出去與闡揚，所以不顧艱苦而寫成此書，想不到在各大學哲學系與哲學研究所引起異常良好的反應，現已納入人人文庫，世界各國圖書館均有庋藏，最近有位哲學教授要求我更加充實譯爲外文，俾能傳播於世界，似有考慮價值。

至於求美的文學部門，那是隨興之所至，所見所感，筆之於詩，我認爲詩人是永遠保持天眞，保持天性，保持理性，保持感性的，保持青春的。曾在風雨樓序中爲詩人下個定義云：「詩人者，不失其赤子之心者也。」我已年近七十，全力保持「赤子之心」，不讓他受社會利慾的傳染。最近我常常的期勉學生：要保持天性，保持純眞，要求每一個人在心態上「鳶飛魚躍，鳳翥龍翔。」做到永遠的活活潑潑。這才是人生美的境界。當年爲抗日而入蜀，寫了一本「入蜀吟」；現在爲戡亂而浮海，寫了一本「浮海吟」，這些都是史詩，血的史詩；詩人用他的腦汁與血液寫將下來，成爲可歌可泣的史詩；流傳下去，讓後人歌頌。讓後人去領會這個時代的人民，是過著怎樣個艱難奮鬥的生活。肩負著怎樣個歷史任務的生活。

學問以濟世．發明責任人生觀

鄙人家藏有孤本唐人手寫本的唐韻殘卷，若論文物，已經是價值連城，若論其學術價值，則又豈祇是連城哉！爲了完成繼絕學的偉大任務，花費了七年時間，其中有一段很長時間，寄住在中央研究院，得胡適博士之助，完成了一本「蔣本唐韻刊謬補闕」的艱辛工程。學術工程是傻瓜做的工作，若有人問爲什麼要做這傻瓜工程？有人說：「爲學問而學問」；有人說：「爲濟世而學問」。聚訟紛紜。我們以客觀的態度，試爲解答這個問題，能不能找到一則正確的答覆呢？

研究學問絕不是把自己封閉在象牙之塔中，自我享受，自我陶醉，如夢如痴，如痴如狂的自我欣賞，亞里士多德說：「人是社會動物」：荀子說：「人能群」，都是告訴我們：人是不能離開別人而生活的！「孤獨的我」，那是一個空洞的名詞，不可能實現的一個空洞的名詞而已。「我」的本身，就是一個社會性的產物，在時間上，在空間上，都有其社會性、歷史性、地理性……他的血液是時間上的統與系，他的身體是空間上長、廣、厚的三度向，至於說到「精神」，那更是抽象到不能再抽象的宇宙進化，人類進化的歷史性產物，誰能離得了「神」的作用呢？我們研究這些問題，必然的牽涉到社會問題，必然的牽涉到益世問題，誰能說學問不是濟世的呢？所以本席有「責任人生觀」的發明。我曾經肯定的指出：

上智者對神靈負責；

中才者對國家、民族、社會負責。

而下愚者則對一已負責。

感戴之餘，將益加奮勉以利人群

我個人研究出這個人生哲學道理，經常強調，無非是要求益世，一個有志氣的讀書人，不僅是要求獨善其身，進而是要求臻社會全體人士於至善之域。「大學之道」，絕不僅祇於哲學上的「明明德」，「止於至善」而已。還有更高的人生理想層次，等待我們去努力追求，就是美化人生。——美化人生，以利人群。文學就是美化人生的最佳學問。文學中的詩，更是美化人生最佳的學問，所以我是竭力主張「詩化人生」的。一個人，人生境界層次的高低，完全繫乎於文學修養如何？—詩歌、文章、藝術、戲劇均是這一最高層次中的產物！同時亦是主導人生，走進人生最高層次的媒體。

人而欲求得眞、善、美的人生，必須對科學、哲學與文學均有涉獵，甚至要求其均有造詣。一安不敏，三十餘年以來，試圖在此中研究出個道理來。然而一方面因爲智慧不足，一方面工夫不夠，愧乏成就。應更自奮自勉之際，忽爾獲得美國聯合大學董事會之重視，認爲本席在文學上有傑出之成就，將此傑出之成就歸諸於不凡之天賦，個人之涵養，以及個人優異之稟賦與智慧。大學總監在其推薦書中，詳盡描畫本席是位飽學之士，更且譽爲高風亮節之君子，益使本席汗顏無地。正當本席汗顏無地之時，而聯合大學董事會一致通過授予榮譽文學博士學位，並且以我本人之爲學，做人成就爲榮，益發令人惶恐不安，同時亦鼓勵我今後於百尺竿頭，更進百步。

話回本題，美國聯合大學倘如授我以紫邊的榮譽哲學博士，已經令我承受不起，而今竟然授我以最高的白邊榮譽文學博士，本席於敬謹領受感戴之餘，祇有益加奮勉，努力向前。本諸「學問爲濟世之本」原則，求能繼續研究，裨利世界人群。

末了，在此敬謹遙祝美國聯合大學董事長暨全體董事健康，祝總監伉儷健康如意，並頌各位貴賓多福多壽多研究。

謝謝各位。（七十一年十一月二十日）

頒授典禮頌詞摘錄

敬愛的蔣教授：

本校董會根據校長推薦，曾在其夏季常會中對台端就中國唐韻與唐詩之造詣，舉行聽證討論會，並在討論之後，一致決議頒授台端榮譽文學博士學位。在此本人願補充說明的事，本校董會誠望頒授詩詞造詣獎，遺憾的校董會規定中並無此項權限，因此本校願在將來適宜時間推薦適當機構以頒授桂冠詩人榮銜。本校在過去十一年內，從來沒有一位詩人或文學家曾經被評選爲此項榮銜。因此台端確係唯一獲得此項榮耀者，如此傑出之成就要歸諸於台端不凡之天賦，個人之涵養以及個人優異之稟賦與智慧。校長曾經在推薦報告中詳盡描述台端確是飽學之士及高風亮節之君子。本校同仁確實以台端之成就爲榮。（董事長簽名）

五、良渚文化—玉器

遜清末造，東南沿海發現數個巨大墓葬遺址，此中藏有陪葬玉器。推算時間，當早於商朝很遠。其地日良渚，故稱良渚文化—玉器。地理位置在今江蘇吳縣、浙江安溪縣一帶。當時出土玉器數量不少，地方人竊賣於國外，歐美、日本博物館中，咸有收藏展覽。時代推算不一，實係新石器時代遺物。據估計發掘數量約在七千多件，尚不包括盜賣國外者在內。

出土玉器主要是璧與琮，璧是禮天，琮是禮地的禮器。

玉璧扁平，中有孔，有單面穿、雙面穿兩種，表面平素無紋，厚薄不一，邊緣偶有缺損，乃深埋土中日久鈣化，所謂「土咬」是也，表面留有切割痕跡，為古代玉器特徵之一。

玉琮有短筒狀手鐲式及內圓外方方柱式兩種。玉琮表面琢刻有神形、人形、獸形面紋，琢雕精細，眼部圓圈形的重疊花紋，線條寬度僅有0.1—0.2mm，最細的只有0.07mm，技巧高明，令人折服。

發現的裝飾器，可分為器物裝飾與人類佩飾，形式繁多。

我欣賞一塊巨大權杖上玉斧，玉斧本身有如一本厚厚洋裝書籍，純白晶瑩。放置位置向左延伸，柄枘相投。杖柄上裝飾有大小不同零碎白玉。惜圖案出土時已破壞原形。手持把柄，橫置胸前，持手處，則是白玉帶藍的美玉裝飾，已經腐朽無跡的柄靶想係木質，早無殘跡可尋。死者仰臥，地位可能是酋長階級。

他如人佩飾用玉，器物裝飾用玉，有各種圖案，動物形、幾何形、人、神、獸複合形，其中頸飾、胸飾等，花紋多陳陰線雕刻，美不勝收，現今機器雕工，亦不過如此。

武器形、工具形亦有出土，似不可能爲適用品，當是禮儀與宗教用品。晶瑩溫潤，鮮豔奪目，琢磨技巧，細膩精緻，必然已有製玉器具—如用手用足旋車，以及超過新石器時代的金屬工具，方可能製造產生美麗精細形式與花紋。

一安在某處秘獲觀賞一批良渚文化玉器，准許手摸把玩，并特許攝一影，眼福不淺。此璧厚重，白底深青花彩，畫面雨過天晴，雲破月來花弄影夜景，光可鑑人，心弦爲動。爰將此影刊於「三代吉金漢唐樂石拓存」卷首，公諸愛好史前文物者一睹，分享眼福。

良渚文化，遠距殷商約四千年左右，距今已有七千年之久。其時竟有如此高明文化，我中華民族誠值得驕傲於世也。

松嶺逸叟謹誌

六、楚州—銀鑄城—淮安

舊唐書地理志記載：晉代之前，山陽地區，漢時爲射陽地，山陽實射陽境內一大鎮市。晉義熙七年設山陽郡（晉書地理志）。隋唐時改郡爲州。隋于開皇十二年置楚州。唐於武德八年，再次定名曰楚州。唐上元二年、大中十四年先后兩次修葺城廓。

宋金交兵，此爲重鎭，是以對城廓營造，特予重視。山陽縣志載：孝宗時守臣陳敏將楚城重加修葺。「北使過淮，見雉堞堅新，稱爲『銀鑄城』。」此後文人雅士，常以銀鑄城爲題，寫作詩賦。

嘉定初年倒塌。城爲土築，外敷白石灰，遠望之如白銀鑄造，尤其在月下，更富詩意。是以文人雅士，吟詩作賦，歌頌爲樂。

南宋後期，爲禦敵而不得不加修建。余家藏楚州宋專百餘方，精拓精裱，羅丈振玉題曰：「銀城遺甓」，孔德成院長見之，題「楚州宋專」，李猷教授信筆題詩二首：

「楚州在昔兵家地，險要由來各置軍。想見堅城矢石迹，殘專猶帶戰場雲。」

「淮泗連營據要衝，森嚴壁壘護江東！今從海外觀遺拓，猶想張韓禦虜功。」（輯入「楚州宋專拓本」，文史哲出版社發行。）

據清咸豐五年范一熙「淮壖小記」載，建制和名稱的變動：「自宋紹定元年名淮安軍，淮安縣，端平元年改淮安州。」

其後，元末至正年間，江淮兵亂，方因舊土城稍加修築。明天啓六年「淮安府志」記載：「新城去舊城一里許，山陽北辰也。元末張士誠僞將史文炳守此時，築土城臨淮。」清代「山陽縣志」亦作張士誠部將史文炳築淮安新城之說。

新城亦是土築。明洪武十年改建，取寶應廢城磚石築之；永樂年間，又進行增築。城門上置樓，設敵台四座，窩鋪四十八座，雉堞一千二百垛。

嘉靖三十九年，倭寇犯境時，漕運都御史章換奏准建造，聯貫新舊二城曰「聯城」，俗稱「夾城」。舊城週長十一里，新城週長七里二十丈。聯城東城長二百五十六丈三尺，西城長二百二十五丈五尺。

有人出對聯曰：

「淮郡三城新夾舊」，多少年來，未得下聯，視爲絕對。一日，余出席淮安旅台同鄉會，討論鄉國之事，少長咸集，忽然觸機，對曰：

「台灣孤孽老中輕。」鄉人嘆爲「絕對有了答案」。

淮安人以此城而驕傲，習常不曰「淮安」，而曰「淮城」，甚至滿臉得色的曰：「淮大城」。現今不幸一律拆毀，城址夷為平地，或為街道，或為菜圃。惜哉！哀哉！

余於民國二十六年離淮安時，攝得遺影數幀，現分別刊入「山陽（淮安）縣志」景印本、「淮安采風錄」、「楚州宋專拓本」。有意留予後人看。

逸　庵

七、養不教　父之過

先嚴自怡老人叔能公教子嚴謹，尤重禮儀，稍有失儀，斥責不貸。幼入私塾，聘師教導。年節放學及開館，均置宴席示敬，由地方聞人作陪，學生中之年長者，亦有資格入座陪席。余年幼體格瘦小，無資格入選，遠望垂涎而已！

某年秋節開學，園中桂花，芙蓉怒放，海棠亦與爭豔、香溢庭院、散放街巷、秋荷尚餘生意，不讓菱花，敬師宴設於玻璃花廳，面向半畝園，出佛見笑圓牆門，即自怡園也。餐桌方形置西面東，背壁懸石鼓拓本原件、迎面懸邊壽民蘆雁四幅，西席首座，貴賓由賢主人一一安座，禮儀隆重，絲毫不苟。余齒最幼，被指定於右下方執壺（其實，另有專役執壺之人，其位最下，故曰執壺位置。）此余生平第一次赴宴入席也。坐甚恭，不敢左右顧盼。茶糾（現在統稱茶房。茶房、茶糾大禮時應爲兩人，茶糾有資格糾舉禮儀，現在大典，只有司儀，古禮另有糾儀，立於司儀對面，余結婚典禮時，即是司儀與糾儀二人，東西向立。）奉菜位置，是最下座右手邊，即余之右邊也。菜餚考究色、香、味，甚至還求有聲，如鍋巴海參，鱔魚帶粉，即是有聲嘉餚。茶糾由右方捧上色香味俱全之炒蝦仁——木耳黑色、蛋糕黃色、火腿紅色、荸薺白色，豆苗青綠色。至於蝦仁，本身不用說就有那種媚人美色。木耳置盤中央最上頭。香氣四溢，端上臺面，余未待其放置停當，「說時遲，那時快」舉箸一夾、送入口中，先嚴勃然色變，視爲大大失儀，影響家譽，命曰：「下去，兩年裏不准入席。」

余惶恐無已，茶紏扶離席，悻悻然無顏見人，走避書齋，伏案大慟！

越兩年，春節過後——至今記憶猶新，正月二十日開學宴請老師，仍在玻璃花廳。簾外，不是春意闌姍，而是初春花信，銀杏欲放、薔薇吐秀，佛見笑含苞爬滿墻壁，惹人憐愛。廳裏明燈高懸，光線似尚不能照徹三間大花廳，西壁四幅石鼓原拓本，清晰可見；東壁懸邊壽民四幅蘆雁，左襯有沈周枇杷長條，右配翁同龢「子孫才族乃大，兄弟睦家自肥」，紅色對聯則不太明朗。

筵席仍座西面東，惟已改用圓桌，坐了十席，圓桌席次與今日排列不同，上爲首座，餘則圓形順位，余位面南，窗外春梅直投視線，可惜已黃昏，晚香浮動，未見下弦月之上昇也。余之右，尚設一座，似爲我家之記室，佳餚畢陳，不敢舉箸，彬彬有禮，行爲有序。茶紏奉上美餚，青花磁碗盛雞粥荳苗羹，乳白雞粥配合淺綠荳苗羹、灣曲成太極圖形，而以少許紅色火腿爲核心。茶紏以大銀匙和拌，說聲，「請用」。

賢主人舉匙，衆賓客隨之。余以臂短而又不敢起立掏羹，匙不及碗而縮回，對座有何五叔者，素以幽默見歡群衆，忽發大音曰：「何半途而廢也？」全席大笑，余窘極，記室代取一匙，窘態方已。

「家教太嚴，兩年前事，猶警覺否？」幽默大師又補充一句，先嚴欣然拈鬚曰：「孺子可教也」。

八、教不嚴　師之惰

余家有私塾，聘請地方學術有成之長者任教。開學之日，高懸至聖孔子像於壁間，香燭高燒，肅然起敬。先由老師與家長三叩首，次由學生依序三跪九叩首，再由學生一一向老師三叩首，禮畢，東家與西席相對長揖不拜。東家奉上恭書「贄敬」之紅封，再奉上紅紙包裹之長方形物件，初不知其爲何物也。旋聽東家曰：「子弟請嚴教。」「謹遵命。」師答。禮成，各就各位，老師拆開紅紙，赫然一戒方也。全生悚然。戒方長尺五，厚二寸，經常使用。男生手心與屁股，是戒方用武之地；女生則是手心，三十、五十，乃常見之事，手腫如饅頭，啜泣而不敢放聲，老師威風，可以知矣。

一日，家兄背左傳不熟，且有反彈，師吸旱烟，烟斗銅質，既重且熱，當頭一擊，血流如注！全書齋譁然，爭相出齋走告，余則忙取象皮——象皮者，大象生皮也。可以磨沫止血，喧譁聲聞於上房，先嚴聞聲而至，冷霜滿面，屹立齋門，以爲必斥師之烟斗擊頭流血，群存幸災樂禍之心。絕未料到，先嚴尊師之情，以手拈鬚，大聲喝曰：

「該打！活該！誰叫你不用功！」

全室鴉雀無聲，微聞師曰：

「抱歉！抱歉！失手！失手！」

先嚴亦未之答。若在今日，學生挨打，且頭破血流，家長要去法院告狀，而傷害罪亦必成立。人權人權，人身保障，大作一番文章。

余親見女家長在升旗禮上「賞」訓導主任兩個耳光；余亦聞知男家長拖著被打的小學生到法院按鈴控告教師；余曾調解過男家長控告女教師打學生，而檢察處不經偵訊逕行起訴，可是我亦屢見屢聞學生不繳補習費等費用教師不予及格；我還看見報載教師吞沒學生旅行保險費，學生互相踐踏死於「鬼洞」，而家長得不到平安保險！

嗚呼！「師道云乎哉！」

嗚呼！「師道之不存也久矣！」

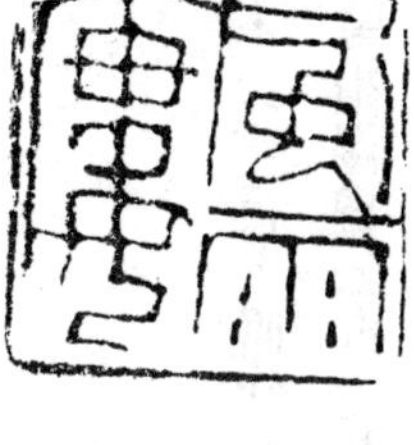

風雨樓詩歌選粹著者小檔案

中華民國第一屆國民大會代表主席團主席蔣一安博士，學名炤祖，以字行。晚年別號松嶺逸叟。原籍江蘇吳縣，一九一四年誕生於淮安，遂寄籍於此。其先曾祖錫寶公進士及第，任淮安府學教諭，以其地民風淳樸，有意定居。及先祖父清翊公仕宦退隱，方遷居焉。建「抱布新築」於東門蘆葦間。庋藏書籍萬卷，古幣古董千餘件。在此新築中撰述「唐初四傑集註」及他項著作十餘種。先生自幼浸潤固有文化，奠定作大事、學鴻儒、育英才，繼絕學之懷抱與風範。

年二十負笈上海大夏大學教育學院，畢業之時，適逢蘆溝戰役，隨政府西遷。先之粵湘，再徙四川。從事省政、縣政多年。後應國立江蘇醫學院之聘，執教席暨訓導，是爲先生學以致用，從事教育文化之始。大陸撤守，浮桴臺灣，初協助辦水產職業教育，繼協籌海事專校，旋即執教於海專、海院垂三十餘年，方始轉任私立中國文化大學華岡（研究）教授。同時兼任國立師範大學三民主義研究所，國立政治大學教育研究所、私立淡江大學合作經濟系教授。直至七九高齡仍執文大教席。每登講壇，滔滔若江河東流，精力充沛，體格健朗，叩其養生之道，笑曰：「無何妙方，不戕害天賦而已！」其生活嚴謹，可從此語中窺知。

先生教學，重視方法。擅長能近取譬，深入淺出，食而能化，化而爲用。以實際配合理論，以理論驗證實際；尤嗜將教育與生活打成一片。所謂「教育即生活，生活即教育。」無緣侍立門牆者，安能知其眞實涵義哉！

先生從事學術研究，亦有此風格與理念。認爲：學術研究須與社會實踐相結合，否則，空洞無益，虛幻有害。倘社會實踐未能與學術研究相結合，則是盲目冒進，危險堪虞。先生指出：學術研究目的，一律歸結於民生福祉、民族利益、民主生活。其執着於實踐哲學，不肯將哲學帶進虛幻境界，頗受淑世主義之影響。將深奧哲理着落於平實化、實踐化、生活化，也就是將哲學平民化、大衆化，使得人人都可接受哲學洗禮，以提高社會素質，人民素養。講授及寫作四十年教育哲學、三民主義哲學、宗教哲學，一本此觀念，侃侃而論，邕遂而寫，羣衆聽來，如搭雲梯入寶山，從無空手而回者。

在哲學方面，著有「本體思想史綱」（商務出版），「國父哲學思想論」（商務），「中山哲學論集」（海洋學院），「中山學術論集」（正中書局），近年編撰「孫學闡微」鉅構，由黎明文化事業公司出版。

先生對孫文主義付出四十年精力，深入研求，多所闡發，完成有關著作十餘種。并負責大中學校三民主義教育與教學的規劃與推廣，傳播與指導任務。更編撰大專院校有關教科用書。對國內最高學府思想教育之貢獻，難以數字表達。其最受稱道者，對此長期工作，義工義行，安之若素。是以其榮獲三民主義學術著作獎三次，專題研究獎二次，專科教科書著作獎一次，優良教學獎一次。實至名歸，誰曰不宜。

先生精研唐韻，將家藏國寶級唐人手寫本，唐韻殘卷，補其闕，刊其謬，撰成「蔣本唐韻刊謬補闕」巨構，都二千餘頁，由廣文書局出版。此書問世，完成繼絕學之讀書人天賦使命，引爲畢生一大快事。獲得嘉新水泥公司學術基金會頒授優良學術著作獎。

先生苦習詩學，頗有成就。著有風雨樓詩集含入蜀吟、浮海吟兩卷；曼殊詩與擬曼殊詩兩卷（兩詩集均由商務出版）三原于右任評爲必傳之作，更曰「詩學革命，得見曙光。」高要梁寒操指出先生詩「厭摹古語作艱深」，最合時宜。題詩有「心聲要克鳴斯世，不事雕鐫定必傳。」其第四首，則有「宇宙彌綸是一情，情能无僞筆能横。荒唐儘讓旁人笑，掉臂從容大道行」。在詩學界，聲譽崇隆，獲有銀龍獎、詩教獎、詩運獎，被尊爲詩伯，得侍立於詩聖于右老之側。

先生於六十五歲後，雅好方志學，除翻印故鄉之「淮安縣志」、「淮安藝文志」外，并編著「淮安采風錄」，均係自費出版。免費贈閱。近正續編「淮安采風錄」，欣見其即將定稿問世。

美國聯合大學以先生學術研究，頗多非凡成就，尤以對聲韻學中之唐韻著作，有興廢繼絕之功，乃頒授榮譽文學博士。名山事業，獲得推崇，益增光輝，堪以稱慶。

先生於三十四歲時，鄉人促請參選淮安地區國民大會代表，但在鄉黨序齒、序輩倫常觀念下，自願禮讓先進，謙任候補。至五十八歲時，方始依法補實，進登議壇，盡職守分，奮勉從公。草擬方案，發表政見，獻可替否，極受尊重。歷任憲法憲政、教育文化兩委員會召集人、編纂委員及主席團主席十九年之久，領導才能，深得佳評。屢獲中國國民黨獎狀及光華勳獎。任內言論，輯爲「逸庵論政」一書，都六十萬言。

先生信神不信教，嘗謂信神則精神有主，不信教則思想自由，不受教義束縛，與友人創組宗教哲學研究社，擔任常務理事十有餘年，研習各家宗教哲學，頗多心得。經常講演，各教派人士齊集聆聽其說道。尤以「透過宗教大同進入世界大同」的理論，最受歡迎，視爲共同奮鬥目標。友人靜觀其思想言行，認爲先生雖信神不信教，但七十五歲以後，似漸偏向於佛，此正中國儒者之之常態也。

先生畢生執着於中庸之道，一思一維，一言一行。爲學做事，堅守不踰。訊其事業成功之道，答曰：「無他，堅守中庸而已矣！」其七九生日詩中有：

一陰一陽斯爲道，安行安止唯其時；
役心役物能明辨，隨興隨緣任所之。

詩中最能看出先生持中庸不移之精神。

錄自亞洲文學出版社「當代大陸旅臺菁英錄」

風雨樓詩歌選粹著者著述年表初稿

著述名稱	出版年月	出版單位	備註
風雨樓詩集入蜀吟、浮海吟兩卷	民國45.年元月出版 62.年二月二版納入人人文庫	臺灣商務印書館	是年丙申著述者四十二歲
曼殊詩與擬曼殊詩兩卷	民國54.年十二月出版 62.年十二月二版納入人人文庫	臺灣商務印書館	
本體思想史綱	民國55.年六月出版 62.年二版納入人人文庫	臺灣商務印書館	
國父哲學思想論	民國55.年二月出版 61.年二月二版 69.年二月增訂版	臺灣商務印書館	初版榮獲國父遺教會學術著作獎。增訂本榮獲教育部最高三民主義學術獎。
大學國父思想論教本	民國57.年九月出版 81.年八月九版	國立海洋大學三民主義研究中心	
國父科學思想論	民國59.年八月出版	臺灣商務印書館	
三民主義析論	民國62.年一月出版 63.年十一月二版人人文庫	臺灣商務印書館	
三民主義專論	民國62.年二月出版	國立海洋大學三民主義研究中心	
蔣本唐韻刊謬補闕	民國62.年十月出版	廣文書局	榮獲嘉新水泥公司學術基金會頒授優良學術著作獎
我們的主義	民國66.年二月出版	中華日報長篇連載單行本	榮獲中正學術基金會優良著作獎
大學國父思想教本	民國67.年九月出版 71.年九月修訂版	幼獅文化事業公司	

國父科學宇宙觀	民國69.年六月出版 81.年九月十二版	正中書局	
中山哲學論集	民國70.年二月出版 72.年二月增訂版	國立海洋大學三民主義研究中心	
淮安縣志醵資編印	民國70.年五月出版	維新書局	免費贈送
淮安藝文志醵資編印	民國70.年五月出版	維新書局	免費贈送
專科學校國父思想教科書	民國72.年十月出版	正中書局	榮獲教育部專科學校優良教科書著作獎
大學國父思想教本	民國73.年八月出版 81.年九月九版	中國文化大學出版部	
中山學術論文集上下兩冊	民國75.年十一月出版	正中書局	
淮安釆風錄與邵育雲合編著	民國78.年三月出版	維新書局	
淮安釆風錄續集與邵育雲合編著	（正編著中）		
三代吉金漢唐樂石拓存	民國82.年一月出版	文史哲出版社	
古印窺・楚州宋專拓本	民國82.年一月出版	文史哲出版社	
孫學闡微	民國82.年九月出版	黎明文化事業公司	是年癸酉著述者八十歲
革命思想雜誌	民國69.年七月發行 到77.年十二月	革命思想雜誌社	發行八年十六卷
憲政論壇雜誌	民國76.年一月發行 到80.年六月	憲政論壇雜誌社	發行四年半五卷
學術論文單行本，演講辭單行本暫未列入			

中國文化大學中山學術研究所
國民大會秘書處資料組　提供

國立中央圖書館出版品預行編目資料

風雨樓詩歌選粹 / 蔣一安著. -- 初版. -- 臺北
市：文史哲，民82
面； 公分.
ISBN 957-547-839-8(平裝)

851.486

風雨樓詩歌選粹

著者：蔣一安
出版者：文史哲出版社
登記證字號：行政院新聞局局版臺業字五三三七號
發行人：彭正雄
發行所：文史哲出版社
印刷者：文史哲出版社
台北市羅斯福路一段七十二巷四號
郵撥〇五一二八八一二彭正雄帳戶
電話：三五一一〇二八
實價新台幣二八〇元
中華民國八十二年十二月初版

ISBN 957-547-839-8